U0517571

现代文献检索概论

方松屏　编著

东北林业大学出版社

·哈尔滨·

图书在版编目（CIP）数据

现代文献检索概论 / 方松屏编著. --2 版. --哈尔滨：东北林业大学出版社，2016.7 （2024.1重印）
ISBN 978 - 7 - 5674 - 0803 - 6

Ⅰ. ①现… Ⅱ. ①方… Ⅲ. ①情报检索-概论
Ⅳ. ①G252.7

中国版本图书馆 CIP 数据核字（2016）第 149659 号

责任编辑：赵　侠

封面设计：彭　宇

出版发行：东北林业大学出版社（哈尔滨市香坊区哈平六道街 6 号
　　　　　　邮编：150040）

印　　装：三河市佳星印装有限公司

开　　本：880mm×1230mm　1/32

印　　张：7.375

字　　数：164 千字

版　　次：2016 年 8 月第 2 版

印　　次：2024 年 1 月第 2 次印刷

定　　价：45.00 元

如发现印装质量问题，请与出版社联系调换。（电话：0451 -82113296　82191620）

前　言

　　随着我国改革开放的不断深入发展，无论是社会上的还是大学等单位的图书馆都在不断地用计算机武装起来。随着现代化水平的不断提高，检索文献、信息的手段和方法也在不断更新，这就需要我们掌握相应的检索方法。本书就是力图紧跟时代的步伐将越来越多的先进的检索方法介绍给读者，以适应图书馆的发展和文献信息检索的需要。

　　根据现代科技发展的情况以及自身工作中的实践经验和体会等实际情况，在这本书中，侧重介绍了计算机联机检索、光盘检索，特别是有关利用网络条件检索文献信息的一些知识。这些都是在现代化条件下检索文献信息的必备知识。其中，有关网络的介绍得比较系统，这是基于本书也可以独立地作为一本网络指南用书的考虑，上现代文献检索课的时候可以有选择地摘用。同时，考虑到纸介文献信息资料的价值、地位及其历史和现状等情况，本书也对传统手工的文献信息检索方法作了介绍。因为在相当长的一段历史时期内，传统的文献信息仍将继续发挥它的一些不可替代的作用，所以，相关检索方法也必须掌握，所以，对该部分知识本书也作了比较详细的介绍。

　　希望本书能为广大师生及科技工作者检索文献信息时提

供一些有益的帮助，也能为喜欢网络技术的师生更好地利用网络作点小小的贡献。诚恳地希望广大师生、广大科技工作者特别是广大信息情报工作者对本书的不足之处多提出宝贵意见。

本书在编写过程中得到了许多专家、老师和领导们的帮助和指导，这里一并表示感谢！

编著者

2016 年 6 月

目　　录

第一章　传统文献信息检索技术 ················· （ 1 ）

　第一节　传统信息检索基础知识 ················· （ 1 ）

　第二节　传统信息检索与检索系统介绍 ············· （ 6 ）

第二章　四大检索工具的检索 ··················· （24）

　第一节　《工程索引》(EI) 的检索 ··············· （24）

　第二节　《科学引文索引》(SCI) 的检索 ············ （31）

　第三节　《科技会议录索引》(ISTP) 的检索 ·········· （39）

第三章　专业检索工具的检索 ··················· （44）

　第一节　《科学文摘》(SA) 的检索 ··············· （44）

　第二节　《化学文摘》(CA) 的检索 ··············· （53）

　第三节　《金属文摘》(MA) 的检索 ··············· （63）

　第四节　《数学评论》(MR) 的检索 ··············· （65）

第四章　特种文献的检索 ····················· （67）

　第一节　专利文献的检索 ····················· （67）

　第二节　科技报告的检索 ····················· （71）

　第三节　标准文献的检索 ····················· （75）

　第四节　学位论文的检索 ····················· （81）

第五章　一般计算机信息检索 ··················· （83）

　第一节　计算机信息检索系统的发展情况 ··········· （83）

　第二节　计算机信息检索系统的主要概况 ··········· （86）

第六章　国际联机信息情报检索系统概述 ················ （95）

　　第一节　大型国际联机系统介绍 ················· （96）

　　第二节　国际联机检索系统的原理、联机数据库的

　　　　　　类型和结构 ··················· （100）

　　第三节　国际联机系统的信息检索 ············· （102）

第七章　光盘信息检索系统 ··················· （109）

　　第一节　光盘关技术及光盘检索系统的安装 ········· （110）

　　第二节　光盘系统的主要检索技术 ············· （121）

第八章　网络信息检索技术基础 ················ （139）

　　第一节　计算机网络的基本概念 ·············· （140）

　　第二节　Internet 介绍 ················· （141）

　　第三节　Internet 的结构 ················ （151）

　　第四节　Internet 中的 TCP/IP 协议 ··········· （151）

　　第五节　域名系统 ···················· （154）

　　第六节　电子邮件 ···················· （159）

第九章　网上信息检索的基础——Internet 上的联网技术 ······ （167）

　　第一节　Internet 的联网方式 ·············· （168）

　　第二节　安装网卡与局域网相连 ·············· （170）

　　第三节　拨号入网的准备工作——安装 Modem ········· （171）

　　第四节　通过拨号入网来联接 Internet ··········· （173）

　　第五节　安装网络协议 ·················· （176）

第十章　利用 www 及其浏览器进行信息检索的必备知识 ······ （180）

　　第一节　有关 WWW 的重要知识 ·············· （181）

　　第二节　WWW 的浏览器 Internet Explorer ········· （184）

　　第三节　IE 的界面介绍 ················· （187）

第四节 浏览 Web 页 ……………………………… （190）

第五节 自定义 Internet Explorer 问题 …………… （202）

第六节 Internet 的使用安全特性 ………………… （209）

第七节 快捷键 …………………………………… （214）

第八节 利用 WWW 进行信息检索的基本方法 ……… （215）

第九节 国内外常用的搜索引擎 ………………… （218）

第十节 国内外一些主要信息源网站介绍 ………… （221）

第十一节 国内外主要数据库 …………………… （224）

◇ ◇ ◇ 第一章

传统文献信息检索技术基础

第一节　传统信息检索基础知识

一、检索的作用与意义

　　文献、情报资料是信息的主要载体，在人类社会已进入信息化社会的今天，文献、信息等的数量成十倍、百倍地迅速增长并且种类繁多、内容庞大，根据不完全统计，当今世界每年出版图书 70 万余种，期刊 10 多万种，科技文献 400 万种，各种论文 1 000 多万篇，同时，各学科间又互相交叉、渗透，一些新兴学科、边缘学科又不断涌现，因此，要想从这些浩如烟海而又高度分散的文献资料之中迅速、准确地获取所需要的信息，就必须掌握打开信息资料宝库的金钥匙，这把金钥匙就是文献情报信息的检索方法。作者希望读者通过相关学习，不仅能迅速掌握文献、情报、信息的检索方法，更希望通过学习使读者能在今后的学习和工作中能建立起较强的掌握信息情报的意识，这种意识的建立将使你获益终生。

首先，必须明确：文献信息资料本身就如同能源、材料和劳动力等，同样是一种更为重要的资源。因为一切文献信息资料都是中、外前人投入大量的人力、物力、财力和智力进行大量研究的成果。利用了它们就是利用了大量前人积累下的人力、物力、财力和智力。特别是在目前我国的经济、技术在某些领域还是比较落后的情况下，借助前人的成果，更能节省大量的费用和时间，避免不必要的重复劳动和盲目性，更快地缩小我们在科技发展方面与先进国家间的差距，更快实现科教兴国的宏伟目标。特别是在今天，用计算机检索已成为现实的时候，就更为我们充分、迅速利用新的检索工具和方法加快科技进步步伐打下了坚实的基础。据调查，过去，靠原始方法查找文献所花费的时间大约要占我国科研人员科研时间的 40% ~ 50%，而现在几小时，甚至几分钟的时间就可以完成查阅了。

其次，大家都知道：21 世纪人类社会已经进入到知识经济时代，信息量的激增要求我们必须去建立一个不断更新的知识体系，不断提高我们的信息意识和信息接收能力。这样，知识的自我更新速度才能适应"创新"精神培养的需要。如果不会迅速、准确地应用前人的成果，那么这一切就只能有如缘木求鱼。可见，学好检索的方法作用和意义是十分重大的，每一个有志成才的大学生都不可以对此掉以轻心。

这里需要指出的是：现在，虽然人类社会已进入了信息社会时代，计算机检索、网络检索等新的检索方法都在广泛地被人们使用着，但是，传统的文献、信息检索方法仍然需要认真掌握。这是因为在今后相当长一段历史时期内，传统形式的文献信息载体都无法被彻底取代。这是由它的本身的地位和作用决定的，另外，对于人类数千年来所形成的这些宝贵的资料，即使现在科学技术再发达，要想马上就把它们全部进行完数字化处理，这也是不可思议的事情。因为它们的数量实在是太巨大了，对它们进行数字化处理的工作量也实在是太巨大了。所以，人们对传统介质的文献、信息资料的需求和检索仍然会大量存在。这样一来，就要求我们也必须掌握传统的文献、信息检索技术。这也就是我们不得不在这里还要花费相当多的时间和精力来介绍和学习传统文献、信息检索的方法的原因。

二、几个基本概念及其相互关系

检索课中经常会谈到"信息""知识""情报""文献"等概念，它们的本质、定义及相互关系如何？下面我们就对此进行简单的介绍：

有关"信息"的定义和解释多种多样。目前，学术界具有代表性的主要观点是：信息是人们增加知识和认识事物的客观存在；信息是指应用文字、数据和信号等，通过一定的传递和处理来表现各种相互联系的客观事物，在运动变化中具有特征性内容的总称。现代"信息"概念的内涵已大大扩展，它包括了视像信息、机读信息、电子信息、多媒体信息以及人类借助现代信息技术正在探索和识别的其他一些形式的信息。信息是促进社会、经济和科学技术发展的一种新

3

型资源。

而知识是人类在改造客观世界的实践中所获得的认识与经验的总结，是人的主观世界对于客观世界的如实概括和反映。它是人类通过信息对自然界、人类社会及思维方式与运动规律的认识与掌握，是人的大脑通过思维重新组合的系统化信息的集合。

那么，什么是情报呢？"情报"一词，在英文、法文、德文中均为"INFORMATION"，它们都是来源于拉丁文的"INFORMATIO"，是指消息传递给意思。对于"情报"概念的定义，专家们的提法也各有不同，但归纳总结一下，情报概念必须包括如下三个基本属性，那就是知识性、传递性和时效性。所以，情报应是知识的有效传递。

情报的本质特性是知识，是知识的传递的部分。

情报的传递性是其基本属性，这也是知识与情报区别的重要标志。因此，可以说：情况是运动着的知识，是改善人民原有知识结构的那一部分知识，是做为交流作对象的有用的知识。

而"文献"的概念解释也有诸多变化。联合国科教文组织出版的《文献与情报工作辞典》中认为：文献是"由某一种资料（数据）介质组成的单元，把资料记载在介质上，并给资料指定意义"。《中华人民共和国国家标准　文献著录总则》（GB3792·1—83）中明确规定：文献是记录知识的一切载体。

由此可见：知识是系统化了的信息。文献是静态知识，是固化了的知识，而情报则是动态知识，是传递着的知识。

三、文献信息源的形式、类型及级别

文献信息源的形式按照传播渠道来划分可以分为三种形式：即口

头信息源；文献信息源；实物信息源。

若按其文献出版类型划分可以分为如下 10 种：

①图书；

②报纸杂志；

③研究报告；

④会议文献；

⑤政府出版；

⑥专利文献；

⑦学位论文；

⑧标准文献；

⑨产品样本；

⑩科技档案。

文献信息源的类型，按文献的载体形式划分有如下 5 种形式：

①印刷型文献；

②缩微型文献；

③机读型文献；

④声像型文献；

⑤光盘型文献。

文献信息源的级别，按文献内容的加工深度划分可分为如下 3 种：

①一次文献；

它是以作者本人的研究成果为基础创作或撰写的文献。

②二次文献；

它是指文献工作者将大量的、分散的、无序的原始文献加以筛选，留下有价值的文献，再经过加工处理或按文献的内容特征（如主题、分类）或按文献的外在特征（如作者、篇名等）进行浓缩、提炼、简化、编辑成系统的工具性文献，例如，文摘、索引、书目等检索工具，作为查找原文的工具。

③三次文献；

它是在一、二次文献的基础之上，经过综合分析再创作的一种文献。例如，教科书、百科全书、年鉴、手册等工具书。三次文献在科学研究和生产实践中具有独特的作用，是科技人员不可缺少的重要信息源之一。

第二节　传统信息检索与检索系统介绍

文献信息检索或信息检索（INFORMATION RETRIEVAL）是指将信息按一定方式组织和存储起来，并根据用户的需要查出有关信息的过程和技术。

信息检索系统即信息的存储和检索的系统。信息检索系统是指为满足不同情报需求而建立起来的　整套文献信息的搜集、加工、存储和检索的程序化系统。这一系统可以是系统的手工检索系统，也可以是计算机化的现代信息检索系统。此二者在某些具体要求上虽然存在一些差异，但是，它们的基本构成和检索基本原理是相同的。

一、文献信息检索的种类

文献信息检索的种类按检索对象分类有如下 3 种：

（1）文献检索（DOCUMENT RETRIVAL）。

即以特定的文献为检索对象的一种检索。例如，文摘、题录、目录、索引等，在检索某一研究课题的有关一定时限的资料；在进行一项创造发明时所需查找相关技术资料；在从事某一新产品的研制而需要查找国内、外有关最新动态等时都需要进行文献检索。

（2）事实检索（FACT RETRIVAL）。

这是以特定的事实为检索对象的检索，检索的结果是事实结论。例如，如果要出国进修或攻读学位，就需要查索有关大学和导师，专业等有关情况。这类检索即属事实检索。

（3）数据检索（DATA RETRIVAL）。

这是以特定的数据为检索对象的检索，检索的结果是数据。例如，教学、科研或学习中需要查询某个符号或代码的含义，某一个集成电路的线路图等，这些都属于数据检索。

按照检索方式分类，检索又可以分为直接检索和间接检索两类。

（1）直接检索（DIRECTLY RETRIVAL）。

这是指从阅读文献中直接获取所需要的信息。这种检索简便易行并且易于掌握文献实质内容，可以直接判断查索内容是否符合自己的需要。

（2）间接检索。

这是以检索工具为导向，先查出文献线索，进而查找原始文献，以获得所需信息。

之所以要采取间接检索方式是因为目前原始文献浩如烟海而且分散性大，要想快、准、全地查获所需信息实属不易，因此必须借助检索工具，而以其为导向实现尽可能地快、准、全的获取所需信息资料的目的。

按检索的操作方式分类检索又可以分为手工检索（MANUAL RE-TRIVAL）和机器检索（MECHANICAL RETRIVAL）两类。

（1）手工检索。

手工检索即利用以书本式和卡片式检索工具为基础的检索系统进行信息检索。

这一检索的优点是操作简便，反馈迅速，费用低廉。缺点是耗时费力，查全率低。

（2）机器检索。

机器检索是用计算机系统进行的信息检索，简称为机检。机检又分为联机检索和脱机检索两种。脱机检索是指用户不能与查找数据库的计算机主机直接对话的检索。联机检索则是用户能与查找数据库的计算机主机直接对话的检索。它由用户联机终端，数据通讯网络和主计算机三部分构成。在终端上，用户可以与主机对话、提问，可以取得最好的检索结果。

机检的优点是速度快、效率高、质量好。但是，缺点是费用高，少则几十元，多则数百元。而且，由于数据库存储文献年限有限，所以，实际检索中，应将手检和机检联合运用，综合效果才能更加理想。

二、信息检索的实质

信息检索全过程实质上由两个部分组成：一个是信息存储过程（主要由文献工作者完成）。一个是信息检索过程（由用户完成）。信息的存储过程主要是文献信息工作者利用检索语言对文献进行标引，形成文献特征标识并输入检索工具，为检索提供有规律的检索途径。

而检索过程则是存储过程的逆过程，是利用检索语言对检索提问进行标引，形成检索提问标识，然后，再按着存储所提供的检索途径，将检索提问标识与文献特征标识相比较，两个标识相同或基本相同的则为命中检索结果。

文献特征由文献外表特征（包括文献题名、著者、来源、卷期、年月、文种等项目）和文献内容特征（文献的主题）组成。

文献著录就是对文献的外表和内容特征加以简明扼要的描述，进而形成文献著录款目。

文献著录结果所形成的著录款目必须按一定顺序排列才能提供检索，为此又形成了文献特征标识即排检标目——这就是为文献著录款目进行排序的依据。在文献外部特征中，以题名、著者等作为文献的特征标识。在文献内容特征中以内容的分类号，主题词等作为文献内容的特征标识。

在检索过程中，检索者在已知文献题名、著者等情况下，可以从文献外表特征入手进行检索。但是，在对所需文献外表特征不太清楚的情况下，就只能根据所需文献的内容特征来进行提问。具体方法是：对所需文献内容进行主题分析，形成检索需要的主题概念—主题词。一旦所需的主题概念形成，就可以获得所需文献的内容特征标识，据此进行检索提问，通常即可获得满意的回答。必须指出的是：此间经检索者分析形成的主题概念语言是自然语言，还必须将其转换为相应的规范化的检索语言，这样检索提问的标识与文献特的标识才能互相匹配（有关的检索语言知识后面将会谈到），才能检索出所需文献。

综上所述，信息检索实质上就是从信息检索系统所汇集的附有检索标识的文献集合中获取检索所需信息的查找过程。

三、检索工具概述

在检索过程中，检索者必须借助于检索工具的帮助才能完成自己的任务。检索工具是用来存储、报导和检索文献信息的工具。过去，检索工具就是一般书本式的二次文献检索设施，近期已经有了光盘式的检索设施。

检索工具的结构构成分为 5 个部分：

（1）编辑说明与使用体例；

（2）分类词和主题词表；

（3）正文；

（4）索引部分；

（5）资料来源，目录与附录；

检索工具这 5 个部分是相互关联，不可分割的。

这 5 个部分中需要特别提及的是第四的索引部分，检索者切勿忽视它，它就有如为检索者特设的路标，引导你顺利到达特定的目标。它按照时间划分有：期索引、卷索引、年度积累索引等，按内容性质划分有：主题索引、著者索引、引文索引、机构索引等。正确地使用索引是检索者快速、准确达到目标的捷径和基础。

检索工具从类型上划分可以有以下 6 种类型：

（1）目录型。

它以单位出版物为著录对象。

目录种类按出版物类型划分有：图书、期刊、专利等目录；

目录种类按语种类型划分有：中文、英文、日文、俄文等目录；

按揭示馆藏范围划分有：总藏、分藏、特藏等目录；

按检索途径划分有：书名目录、分类目录、著者目录和主题目录；

按使用对象划分有：读者目录和公务目录；

按所用载体划分有：卡片目录、书名目录、机读目录；

按编制单位划分有：出版社目录、书店目录、馆藏目录、联合目录、国家书目等。

常见的目录性检索工具有：国家书目；出版社与书店目录；馆藏目录；联合目录；专题文献目录。

（2）题录型。

题录的著录对象是单位出版物中的单篇文章，其著录项目包括论文题目，著者，文献来源及语种等。

因为题录仅仅描述每一篇文章的外表特征，因此它报道文献既"快"又"全"，时差较短，快则 7 天，慢不超过 2 周。而且它的成本低，易于扩大发行。

（3）文摘型。

文摘的著录对象可以是书、会议记录、专利、科技报告，也可以是期刊的某篇文章、一本书的某个章节等。

期刊论文的文摘款目一般包括：文摘号、文章标题、著作单位、刊名及国名、卷期号、页数、出版年月、摘要、参考文献等；图书、报告和会议文献的著录款目除卷期数、页数、出版年月三项与前者略有差异之外，其他各项著录相同。

文摘即可以查文献，又可以简要地了解文献内容，具有多方面的职能。当然，其主要作用还是解决查找文献问题，它是系统的存储、报道、积累和检索文献的主要工具，是二次文献的核心。它是可以为检索者提供全面、精简、便利和及时服务的一种重要的信息检索工具。

（4）索引型。

索引一词来源于拉丁文"INDICARE"，它的含义为指出、指点的意思，它是将文献中的有价值的知识单元如期刊的论文题目、著者、重要人名、地名、分子式等分别摘录，注明页数，并按一定的方法排列的一种检索工具。

它一般分为图书索引、期刊索引、文摘索引 3 种。有了这几种索引，检索者就可以比较方便地从有关书中、期刊上等找到自己所需要的信息资料。

检索工具中常用的主要索引有：

分类索引（CLASSIFICATION INDEX）：这是以表示一定概念的分类号码作为索引款目，按照特定的分类法的类目体系进行编排的一种索引；

主题词索引（SUBJECT INDEX）：其中的主题词是用以表达文献主题内容的，经过规范化的词、词组和短语。主题索引就是以主题词为索引款目，按主题词的字顺（字母顺序，音序或笔划序列）排列的一种索引。

关键词索引（KEYWORD INDEX）：这是一种用关键词做索引款目，按关键词字笔顺序列排的一种索引方式。

著者索引（AUTOR INDEX）：这是按文献上署名的著者、译音、发明者等的名称作为索引款目，按字序排列的一种索引。

其他专用索引（OTHER INDEX）：这是为适应某些专业特别需

要或依照某些文献特点而编制的一些专用索引。

（5）文献指南型。

这是文献工作中比较后起的一个分支，主要是介绍某一学科的主要期刊和其他类型的一次文献，介绍有关这些文献的各种检索工具和重要参考书，介绍文献检索方法及利用图书馆的一般方法等。

（6）书目之书目型。

它是检索工具的目录，因此可以说是检索工具的检索工具。它是因为当前各种检索工具数量大、种类多、内容杂等导致使用起来十分不容易而产生的一种检索工具。它是将书目、索引、文摘等检索工具，按照其类型或其取材的学科或按照文种排列起来并且附上简介，指出所收入检索工具的内容、特点和使用方法等。

由此可见，各种文献检索工具间是密切相联的。文摘、索引和专题文献目录，其主要用处在于提供文献线索，即关于某一课题世界上已发表了哪些文献。至于要根据这些线索去取得原始文献，那就得了解这些文献的收藏处所，这样常常需要借助馆藏联合联合目录的帮助。

四、信息检索的一般程序

文献信息的检索必须是一个有目的，有步骤的查询过程。文献浩如烟海，检索方法也种类繁多，检索工具也越来越多，如此种种，如果没有明确的目的以及合适的方法，要查找一个所需文献真犹如大海捞针，费时又费力，还未必能得到理想的结果。所以，在进行检索时时，一般按照如下程序展开工作：

（1）认真分析理解检索课题。

检索过程中首要的是明确检索检目的，认真分析理解检索课题，就是以此为目的，确定检索范围，从而掌握检索线索。要做到这些，首先要分析主题内容。

其一，分析主题内容就是分析所要查找的课题的主要内容是什么，这一课题是属于应用技术研究还是属于基础理论研究，还要确定课题主题内容的科学属性及在整个学科体系中占有何种位置；该课题具有哪些特点，要达到什么水平等。

其二，要确定检索文献的类型。要依据课题性质分析出所需情报可能主要分布在哪些出版物中。例如，如果该课题属于物理探讨类问题，则应侧重查找学会刊物、学术性期刊以及大学学报等。这样才能少走弯路。

其三，要适当确定回溯年限。回溯年限长短的决定与你所了解的检索课题所属学科的发展历史背景密切相关。确定适当的回溯年限可以大大节省检索时间，提高检索效率。

其四，还要做好已知情报的分析工作。例如，已知某科学家在该课题领域中卓有成就，就可以以该科学家为重要线索进行检索。因为已知情报中往往包含着查找未知情报的线索。所以，充分对其加以利用可以节省时间和精力，提高检索效率。

（2）应该认真分析研究，选择适当的检索方法。

常用的检索方法主要有：追溯检索法、工具检索法和交替检索法3种。

追溯检索法是利用已知的有关文献后面所附的"引用参考文献"进行追溯和查找的方法。这样获得的文献有助于对论文的主题背景和主题根据等有更深刻的理解。这种方法的优点是文献资料的针对性强。缺点是容易遗漏，容易误检，费时费力。

工具检索法是利用文摘或题录等各种文献检索工具查找文献资料的方法。它又分为顺查法（根据检索课题分析出拟该查找的起始年代，由远及近的逐年查找）、逆查法（由近及远逐年逐卷地进行查找，一旦查到了与课题密切相关的文献后就停止检索）和抽查法（重点地检索课题所属学科发展兴旺时期的文献）这3种方法。

交替检索法是工具法与追溯法的结合。即先用检索工具查找出一定的有用文献，再利用这些文献所附的参考文献追溯查找，从而获得更多的文献的方法。

（3）要选择适当的检索工具。

为了避免重复，造成不必要的时间和精力上的浪费，检索前首先要了解哪些检索工具中收录了与所查课题有关的文献以及对其的收录情况，质量水平，使用方便程度等情况。然后根据课题需要，选择最合适的检索工具进行检索。

要了解这方面情况《世界科技文献索引使用指南》，《国外科技检索工具书简介》等工具书应首先看一下。

（4）确定合适的检索途径。

检索途径主要有4种，即：

题名途径；

著者途径；

主题途径；

分类途径。

具体选用哪种检索途经，应该根据课题的情况、性质等最后确定。

（5）确定合适的检索标识。

选择检索标识就是选择分类号、主题词或者著者姓名等标识，这些选择必须根据课题的实际情况力争选得恰到好处。

检索也是一项比较复杂的工作，往往不会一下子就选定的都比较理想。如果实施检索的实践中感到所选检索范围、检索途径不太理想，就应该及时分析原因及时调整方法。

文献线索查清后，就要查找原始文献的收藏单位，然后联系借阅或复印。

五、检索语言知识

检索语言是人们根据文献信息检索的需要在自然语言的基础上创造而成的一种人工语言。它的实质就是用于表达一系列概括文献信息内容的概念及其相互关系的概念标识系统。

标识是对文献特征所作的最简洁的表述，标识系统是对全部标识按其一定的逻辑关系编排组合成的有序整体。

检索语言具有如下 3 个基本要素：

①有一套用于构词的专用字符；

②有一定数量的基本词汇用来表达各种基本概念；

③有一套专用语法规则来表达由各种复杂概念所构成的概念标识系统。

检索语言是用来表达文献内容特征的工具，其应用贯穿于文献信息存储和检索的全部过程。

检索语言按语言的结构原理分为：分类语言、主题语言两种类型。

（1）分类语言介绍。

分类语言是以号码为基础字符，用分类号来表达文献主题概念的检索语言。按照分类号的构成原理，分类语言又可以分为等级体系分类语言和分析—综合分类语言。

（2）主题语言介绍。

主题语言是一种描述语言，即用自然语言中的名词，名词性词组或者句子描述文献所论述或研究的事物概念（即主题）。

主题语言具有两大特点：

①直接用能表达、描述文献内容特征的规范化的名词术语作为语词标识来揭示文献的内容特征；

②把这些标识按字序排列成主题词表或者标题词表，以此作为规范语词标引，检索文献的工具，它以词汇规范化为基础，通过概念组配以表达任何专指概念，便于特性组配检索。

文献的主题是文献研究，讨论，阐述的具体对象或者问题。它可以是自然现象，社会生活现象，也可以是各种学科，人物，事件和地区等。

主题词是主题语言的核心。它是用以表达、描述文献主题概念的名词术语。

用主题词作为文献标识具有直观，专指性强，灵活，网罗度高的优点。

把主题词按一种有利于检索的方式（字顺）编排成书，就是主题词表。这是主题标引的工具。主题词表实际上就是主题词或者标题词加有某种参照的字顺体系表，它是将自然语言转化为文献检索语言的术语控制工具。

利用主题语言进行文献信息检索的过程就是首先要对研究课题进行主题分析，找出最能代表文献内容的主题；对照主题词表选择专指度最强的主题词，再按这个主题词查阅目录、索引等检索工具，最后就可以获得符合要求的文献线索。

主题语言主要有如下 4 种：

（1）标题词语言。

其构成原理是按照所论及事物的性质集中文献，用经过标准化处理的名词术语作为标题标目，直接表达文献所论及的文献主题。所有标题词按字顺排列成标题词表，通过字顺排列直接提供按照主题检索文献的途径。

标题有主标题和副标题之分。主标题是用以表达事物本身的概念，副标题只限于主标题所示事务涉及的方面。

标题词表是规范化的标题词辞典，一般主要由编制说明、主表、副表 3 个部分组成。

（2）叙词语言。

叙词语言是将经过严格标准化处理的自然语言作为概念组配单元的标识，在概念分析与综合的基础上，通过词汇的组配标引规则，实现对文献信息多途径的检索。叙词语言是主题语言的高级形式。

所说的叙词是经过规范化处理的名词术语。它是文献信息标识和查检的依据。

叙词语言对语词组配的级别和指示文献主题的深度大，不受限制，灵活自由，所以，文献内容揭示得比较充分，同时，又不断加强了对词表的分类控制等。所以增强了族性检索的能力，强化了检索功能。

叙词语言作为一种概念并列结构，将文献主题归纳于各知识主题，是后组成的检索语言，它对语义关系的揭示提供了主要依靠参照系统。其参照系统包括 Y（用）、D（代）、F（分）、S（属）、Z（族）、C（参）和组代等语义系统，构成一个网络体系。

叙词词表是一种权威性的主题词词汇表，有多种词表形式。《汉语主题词表》就是典型的叙词词表。

《汉语主题词表》是 1975 年作为"汉字信息处理系统"的配套项目而编制的。是一种将自然语言转化为检索语言的叙词控制工具，是叙词语言的具体表现。它共收词 108 568 个，都是各学科领域中有一定检索频率并能汇集一定文献量或具有组配意义的最基本的名字或者名词性词组。全部词表按社会、自然科学编排，共出版三卷 10 个分册。

（3）单元词语言。

单元词是以不能再分解的概念单元的规范化名词作为文献主题概念的标识。例如，对于"铁路大桥"这一概念按照单元词的做法是通过"铁路"和"大桥"这两个单元词组配来表达该概念。而按照标题词做法则是直接选用"铁路大桥"这个词组来表达了。

（4）关键词语言。

关键词是指文献的题目、摘要乃至正文部分出现的具有实质意义的语词。它是文献作者所选用的词汇。出现在文献中的关键词是一种尚未加规范的自然语言词汇。

关键词语言是一种在检索法中使用较为广泛的检索语言，关键词索引是计算机编制的最早的检索工具之一。

关键词语言适用于计算机自动化编制关键词主题索引，所以，缩短了检索工具出版的时间。由于关键词使用的是自然语言，所以，其容易掌握，使用方便。它的缺点是查准率和查全率较低。

关键词索引是将文献中的一些主要关键字抽出，然后将每一个关键词分别作为检索标识，以字顺排列，并引见文献出处，以便从关键词入手来检索文献的一种工具。目前，许多检索工具在编排索引时，采用关键词轮排方法。例如，《会议论文索引》（CONFERENCE PA-PERS INDEX），《国际学位论文文摘》（DISSERTATION ABSTRACTS INTERNATIONAL）和《应用力学评论》（APPLIE MECHANICS RE-VIEWS）等。

六、分类及分类法

分类法中的类又名类目，是指具有共同属性的一组文献资料。文献分类是按照文献所载知识信息的学科属性，对文献进行类别的划分，进一步根据文献的知识信息内容之间的内在联系组成科学的分类体系。目的是将同一学科或者学科门类的文献集中在一起，便于从科学角度进行检索和利用。

分类法的具体表现形式是分类表。分类表是由一系列的分类号集合而成。分类号是文献知识信息概念的具体标识符，其字符分为文字型（罗马、希腊字母、汉字等）、数码型（阿拉伯数码、罗马数码）和上述两种组合而成的混合型。它能反映事物的派生、隶属与平行等关系，便于检索者对知识信息全面了解或者触类旁通，随时放宽或缩小检索范围，提高检索效率。

分类法实际上就是一套概念标识系统。

体系分类法采用对文献论述进行层层划分、层层隶属的办法来形成一系列专指的分类标识，按照科学体系将分类标识组成具有隶属、并列关系的概念等级标识系统。

组配分类法是在前者基础上创造而成的，其构成原理基于概念的可分析和可中和性，通过概念组配可以将有限的类目扩充组配无限的主题概念，组成分类标识的各个因素也可以随检索者的需要变换位置，有很大的灵活性，因此更适合对文献信息的检索。

对于检索人来说，以概念体系为中心的分类法比较能体现学科的系统性，更便于从学科专业角度来检索文献信息。分类法一般都用一定的分类标记（分类号）来表达和描述，比较简单明了，各种不同文字的检索工具可以相互沟通或者统一编排，对于外文检索工具，即便不懂其文字，只要掌握了它所采用的分类法，也可以借助于类号进行检索。

分类法虽然具有一定的科学系统性，但是它所能够反映的这种科学系统性也只能是在一定的限度之内。因为现代科学的新分支，例如，边缘学科、交叉学科等的不断产生以及各学科之间的相互结合、渗透等更加使直线序列的分类法难以反映多元性的知识空间，因而不能确切地代表科学体系。

显然等级制分类法还有种种局限，必须不断加以改进和完善。但是在目前仍然是一种重要的检索语言。较长时期以来，文献资料界大都利用它来作为整理、揭示藏书，帮助人们检索的基本手段。

分类法一般主要由如下4个部分组成：

（1）编制说明。

用以说明其编制过程、依据原则、类目设置以及对各类分类问题的技术处理、使用和标引方法等。

（2）类目表。

其中包括：

①大纲—基本大类的览表；

②简表——个基本类目表，它是整个类目表的骨架；

③详表—即主表，是分类法的主体部分；

④辅助表—又称为复分表，是一组组标准字目表，用以对表中列举的类目进行细分。

（3）索引。

其为该分类法的类目名称索引，按照字顺排列。

（4）附录。

其收录按照类检索时经常要查阅的一些参考资料。

目前，国内、外主要分类法有如下几种：

国内：①《中国人民大学图书馆图书分类法》简称（人大法）；

②《中国科学院图书馆图书分类法》简称（科图法）；

③《中国图书馆图书分类法》简称（中图法）

在中国图书馆界，这三种方法均有使用，但是，目前多数图书馆都在采用《中图法》。

国外：在国外比较流行的分类法有如下5种：

①杜威十进分类法（DEWEY DECIMAL CLASSFICATION AND RELATIVE INDEX）简称 DC 或 DDC 或杜威法，又叫做"十进制图书分类法"，是美国图书馆家麦威尔·杜威（MELVIL DEWEY）创立的。

②国际十进分类法（UNIVERSAL DECIMAL CLASSFICATION）简称 UDC。它是由比利时学者鲍尔·奥特勒（PAUL OTLET）和亨利

·劳拉（HENRILA）在 DDC 的基础上修订补充而成的。

它设置了 10 个大类：

0 总类；

1 哲学；

2 宗教、科学；

3 社会科学、经济、法律、行政；

4 语言学（该类 1964 年并入 8 类，现为空类）；

5 数学、自然科学；

6 应用数学、医学、工业、农业；

7 艺术；

8 语言学、文学；

9 地理、传记、历史。

它的类目明细度比较高，是目前展开较广的一部分类法，比较适于专职度高的信息检索需要。

③图书馆书目分类法，前苏联国内图书信息界应用最广泛的分类法。

④日本十进分类法，它是日本著名图书馆学家森清根据杜威法和卡特的《展开分类法》等编成的。在日本查阅文献信息资料必须熟悉该分类方法。

⑤冒号分类法（COLON CLASSIFICATION）简称"CC"，它是由印度图书馆学家希雅里·拉丁主塔·阮冈纳赞首创的。

◘ ◘ ◘ 第二章

四大检索工具的检索

目前，世界上最常用的、也是比较公认的最权威的检索工具《工程索引》（EI）、《科学引文索引》（SCI）、《科技会议索引》（ISTP）、《科学评论索引》（ISR）通常被誉为四大检索工具，这里我们要对它们的主要情况和使用方法加以介绍。

第一节　《工程索引》（EI）的检索

一、概述

美国《工程索引》（EI）是当今世界上最重要的检索工具之一，它的英文全称为：Engineering Index。它的出版单位是美国工程情报公司《Engineering Information Inc》。该索引于 1884 年创刊，1906 年起，每年出版一卷，在以后的岁月里又不断改进，变得更加规范、完善了。到目前为止，它的出版形式有如下几种：

（1）《EI 月刊》；它于 1926 年创刊，时差为 6 ~ 8 周，其内容含文摘、主题索引和著者索引。

（2）《EI 年刊》；它是上一年月刊的累积，每年一卷，内容上主要包含：文摘部分、著者索引、文摘号对照索引、工程出版物目录等。此外还另外单独出版有《工程标题表》。

（3）《EI 卡片》它是 1928 年创刊的，其时差仅为 4 ~ 6 周。

（4）《EI 缩微胶卷》；

（5）《EI 磁带》

（6）《EI CD – ROM 光盘数据库》

它所报道的内容主要为：土木、建材、运输、水利、环保、海洋与水下技术、地质、采矿、石油、燃料、冶金、机械、力学、真空、核技术、热力、航天、自动化、光学、铁路、电工、电子、通讯、计算机与数据处理、声学、化工、农业、食品、工业技术、管理、数学、物理、仪器、测量……。其所涵盖的范围十分广泛。

二、EI 的著录格式

《工程索引》的按收录文献的主题词字母顺序排列，月刊和年刊结构基本相同。现在以年刊中的一段文摘为例加以说明：

MARING PLATFORM ①See Also WATER WAVES – – Energy Utilization③

Stability②

091805 ④ SAME MEW APPROXIMATION TECHNIQUES FOR MOORING SYSTEM DESIGN⑤ As the measurements desired by oceanographers……These techniques deal with TWO topics in mooring dynamics. 10 refs⑥Skop R. A. ⑦（US Nav Res Lab . Washington DC）；⑧

Rosenthal . F. Mar Technol Soc J V13 n6 Dec 1979 – Jan 1980 p 9 – 13⑨

其中：①是主标题，又叫一级主题，一般是较大、较重要的概念。

②是副标题，也叫二级主题，体现主标题的某一部分，（应用、性质、现象……）。

③是相关标题，用 See Also（参见）引出，它与主、副标题有类缘关系，可扩大检索范围。

④是文摘号，它由此可见位数字组成，（月刊本和年刊本的文摘号不同）。

⑤是文献的名称。

⑥是文献的正文。

⑦是著者的姓名。

⑧是著者的的工作机构及其地址（括号）。

⑨是来源期刊刊名的缩写，卷号、期次、发表年份及起止页码。

三、主题索引和著者索引

（1）主题索引：这是 EI 的最主要的检索途径。其按主题的字顺排列。其使用的主题词含规范词和自由词两种，但在前者之下，其收录的文献更全面，所以，选择时应优先选择规范词。其主题词表用的是《工程标题词表》，其现名为《工程信息序词表》。

（2）著者索引：它是根据著者查到文摘号，再用文摘号检索到相应文摘，这种索引在月刊、年刊中都有。

四、《工程索引》的主要检索途径

实际上，《工程索引》的检索途径很多，但实践中，我们主要应用的是如下两种检索途径：

（1）主题途径：这是利用主题索引进行所需文献、信息查找的一种最常用的检索方法。

现以如下一个简例对其使用方法加以说明：

检索课题：按着主题途径查找有关"电机调速"（Electric motors speed control）方面的文献：

检索工具：《工程索引》（1991 年、第 29 卷、第 5 期）。

以"Electric motors"为主标题词在其"主题索引"（subject index）中查找，你会在书后的第 1278 页查得相应主标题，"ELECTRIC MOTORS，INDUCTION"，在 该主标题之下查找更加切题的相应副标题，可在第 1279 页查得副标题"Speed control"，主题索引给出的相应文摘号为：085917。

以此文摘号为据，在本月刊第 894 页找到该文摘号下所标引的如下内容：

085917①Rotor speed detector for induction machines. The signal processing paert. ②A new mechod to detect rotor speed electrically from rotor slots……Asimulation model based on current distribution……Practical EMC problems are discussed additionally.（Author abstract）8 Refs. ③

Haemmerli，B. ④（Swiss Federal Inst of Technology. Switz）；⑤ Zwicky，R. ⑥Period Polytech Electr Eng⑦V 33 n 4 1989 p251 - 262⑧.

这就是一篇有关"电机调速"方面的文献。其中：

①为文摘号；

②为文献题目；

③为文献的文摘；

④为文献的第一作者；

⑤为第一作者的工作机构；

⑥为合作者；

⑦为刊载该文献的刊物名称（缩写）；

⑧为该文献所在刊物的卷、期、年、起止页码。

（2）著者途径：这是按照著者索引指出的路子查找所需相关文献、信息的一种检索方法。

这种方法要求查阅者必须对所需文献、信息所在领域、学科的排头人物有所了解，并知道他（她）的姓名。这样，你就可以在著者索引中查出其相应姓名，然后，按照其给出的文摘号等相关信息查到相应文摘，再按文摘中的提示去查找相应文献原文（具体例子省略）。

五、《工程标题词表》的有关介绍

《工程标题词表》（Subject Heading for Engineering，SHE）是为查阅《工程索引》时能尽可能地使用规范词或将查阅者的自由词转换成规范词而专门编辑出版的一种重要工具书，因为只有尽可能地使用规范词才能更快、更多、更准地查到所需信息、文献。

（1）关于《工程索引》的两级主题词和相关主题词。

在前面所引用的《工程索引》文摘体例中，我们已经看到了：文摘有一个 主标题（词）即例子的①，它全是用英文大写字母写成的，用以表达比较重要的概念。此外，还有一个副标题，如前例中的②，在副标题中，只有副标题的首字母大写，其余的均为小写字母。它揭示、反映主标题的部分内容。另外，我们在前例中还看到了一个标有③的相关主题（词），它与主、副标题有着类缘关系。再查检相关信息、文献的时候，副标题（词）、相关标题（词）都是我们的好助手，因为他们都可以为我们扩展查检所需信息、文献的线索。在《工程标题词表》的设置中都有与其相对应的内容，一般都可比对出与其相对应的规范词。

（2）关于 See 和 See Also 的用法。

"See"用来指引同义词或从单级标题到双级标题。

"See Also"是标引标目以外的相关或附加概念或从一个较泛的概念指引到一个较具体的概念。前例中的主标题之后就用了"See Also"，用它将主标题（词）的内容指引到了一个比较具体的标题概念中去了。

六、关于《工程出版物目录索引》等的介绍

《工程出版物目录索引》的英文缩写为：PIE，全称为：Publications Index for Engineering。

其收录 EI 所摘引的 3300 余种出版物，在 1978 年以后，被放在了文摘的后面。根据这个索引，可以找到文摘中所给的英文缩写名的

引用刊物的原来全称，这对索取所需原始文献是十分必要和重要的。

还需要提及的是《刊名代码索引》，它所收录的都是编有期刊代码的出版物，它给出了每种期刊的缩写名称、全称和代码（CODEN），按缩写刊名字顺排列，用它也可以查出期刊的全称、代码。

最后，对《新增刊名舆代码索引》也需简单介绍一下：这个索引报道当年增加或改变期刊代码的出版物。其内部分为两个部分：其一，新增期刊代码出版物，列出了其缩写名，指引读者顺利查出其全称和代码；其二，列出了改变了期刊代码的出版物，它反映了当年某期刊名称或代码变更的情况，有时，这对读者也是十分重要的。

七、《工程索引》检索流程

为了清晰地总结、揭示《工程索引》的主要检索过程，这里我们用一个简图来加以说明：

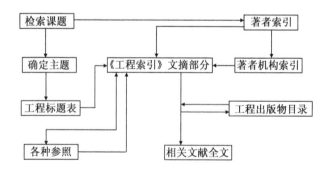

图 1-1　检索流程图

第二节　《科学引文索引》（SCI）的检索

一、概述

《科学引文索引》（Science Citation Index）简称 SCI，是美国费城科技情报研究所（Institute of Scientific Information）于 1963 年创刊并编辑出版的。

SCI 是收选国际范围内以科技文献为主的大型综合性检索刊物。内容偏重于期刊论文。主要涉及物理、化学、生物、医学、农业、生命和行为科学等，工程技术领域也有收录，但相对比较少。

引文索引法是从文献之间相互引证的关系角度，提供一种新的检索途径。文献间的引证关系反映了科学交流活动，显示了科学文献、学科之间的内在联系。论文之间的这种相互引证关系，使论文之间联系起来，构成一个论文网。从而向读者提供一种不等同于分类、主题以及其他方法的检索途径。

它的特点是根据引文收录文献，并且只提供文献来源、题目，但不提供文摘。

其出版形式为：分双月刊、年刊和五年刊三种文本，其双月刊又分为 A，B，C，D，E 五个分册。

二、内容编排结构及其著录格式

SCI 主要由 4 部分组成：

（1）引文索引；

（2）来源索引；

（3）轮排主题索引；

（4）机构索引。

下面对其分别加以介绍：

（一）引文索引

引文索引是 SCI 中占据篇幅最大的重要索引，其后面有匿名索引（Citation Index：anonymity）和专利索引（Patent Citation Index），该索引是按照被引文献的第一作者姓名字顺排列的。同一作者的多篇文章则按其发表时间的先后顺序排列，引用文献的新作者也按其姓名字顺排列。

引文索引收录的必须是以期刊形式发表的会议论文、技术报告、通讯、评论等。其索引形式如下（例一）：

ANSARIAH（1）VOL PG YR

69（2）AMJOBSTET GYNEG 103511（3）

PENTTILA IM（4）HORMONE MET（5）8299 89（6）R（7）

其中：

（1）为被引作者姓名；

（2）被引作者文章发表的年份的后两位；

（3）为被引文章发表的刊物；

（4）为引用作者姓名；

（5）为引用文章发表的刊物；

（6）为引用刊物的卷、起始页码、出版年份的后两位数字；

（7）为引用文章的体裁符号，体裁符号的含义如表 1－1 所示。

表1-1　体裁符号含义表

体裁符号	含义
空白	论文、报告、技术文章等
B	图书评论
BI	书目、提要
C	更正、勘误表等
D	讨论、会议款目
E	社论、类似款目
I	关于个人事项
K	年表—大事顺序表
L	信件、通讯等
M	会议有关文摘
N	技术扎记
R	评论
W	计算机评论

下面将匿名索引的情况介绍如下：

在引用文献的作者不详的时候，该文献就被编入匿名索引。首先按引文出版的名称缩写字排序，如果刊名相同，再按出版年份排序，文章发表时间印在刊名之后。举下面的例子加以说明（例二）：

IEEE SPE CTR VIT P26 1980（1）VOL PG YR

BERNHAND R（2）IEEE SPECTR（3）18 5781（4）

BERNHAND R（2）18 62 81（4）

IEEE SPECTR VIT P26 1980（1）

AMATNEEK KV（2）EEE SPECTR（3）L（5）18 22 81（4）

其中：

（1）为被引文章所刊载的期刊名缩写、卷、页和年份；

（2）为引用作者姓名；

（3）为引用文章刊载的期刊名缩写，载体是图书则为书名缩写；

（4）为卷、起始页码以及出版年份的后两位数字；

（5）为文章的体裁符号。

接下来再介绍一下专利引文索引的主要情况：

该索引提供了从专利号查找引用过该专利来源文献的检索途径，它是按照专利号的流水顺序将各国混排的，在专利号后，给出国别代号。该索引中的专利只是专利文献中很少的一部分，即在期刊上发表的专利文献。其形式举例说明如下（例三）：

4 302 592（1）

1981（2）TIEM CH（3）US（5）

HUANG J（6）J AGR FOOD（7）35 368 89（8）

其中：

（1）为被引专利的专利号；

（2）为被引专利公布的年份；

（3）为专利发明人姓名；

（4）为申请应用或者重版情况（本例中无此项）；

（5）为被引专利国别简称；

（6）为引用作者姓名；

（7）为引用文章刊载的出版物名称缩写；

（8）为卷、起始页码、出版年份的后两位数。

（二）来源索引（Source Index）

这一索引由全部来源款目构成，报道前一年或者当年最重要的期刊所发表的文献。每条款目以来源文献第一作者为目标，其下列出合著者名称、文别、篇名、缩写刊名或者书号、卷期号与页码等，文献出版内容包括：缩写刊名或者书名，卷，页次，发表年份。

具体形式举例加以说明（例四）：

CHEKUNOV AV（1）

·KUCHMA VG（3）—（RS）（4）ABYSSAL ASYMMETRY OF GEOLDGICAL STRUCTURES（10）C649（8）DANSSSR（2）233 211—213（6）89（12）8R（11）ACAD SCI UKSSR，GEOPHYS INST，KIEV

·VSSR（9）CHENG LC（5）

SEE ROGUS EM BIOC BIOP A 464 347 89（7）

其中：

（1）为引用作者姓名；

（2）为引用文献出处，刊名缩写；

（3）为合著者姓名；

（4）为文种代号；

（5）为引用作者姓名；

（6）为引用文献所在期卷的卷（期），起止页码；

（7）为合著者用 SEE 引见到第一作者之下，同时标明刊名缩写、卷、起止页数和发表年份的后两位数；

（8）为 ISI 登记号；

（9）为引用著者的工作单位，地址，国别；

（10）为文献篇名；

（11）为参考文献数；

（12）为引文出版年份的后两位数字。

（三）轮排主题索引

这种索引是从文献的主题入手查找著者姓名，便于进一步使用"来源索引"查找文献题名和其他著录事项的检索工具。索引按主题词字序排列，主题词之下列出有关限定词和文献的著者姓名。

具体情况举例加以说明（例五）：

ACOAITASE（2）

ACTIVIT（3）…………→SUZUKIT（8）

　　　　　…………→WRIGHT JA（6）

　　　　　ALTERED………

　　　　　BACILLUS…………→AGRAWAL PK

　　　　　YEAST…SUZUKI T

ACOUSTIC

　　　　　Sa（4）ION—ACOUSTIC

　　　　　Sa SOUND

　　　　　ANIM…………→EYE EAR NOS ·（5）

ACROSS（1）

　　　　　See stop lists

AESTIVAL

　　　　　See ESTIVAL（7）

其中：

（1）为该词属全停用词。不能作主要词，也不能作配合词；

（2）为主要词，不能超过 17 个字符；

（3）为配合词，长度不能超过 10 个字符；

（4）为：Sa 相当于 See also；

（5）"·"表示原著录姓名，文章，著者姓名处给出出版物名称缩写，其后用黑方块标记；

（6）为几个著者姓名中都抽出有"ACONITASE"和"ACTIVI-TY"的关键词；

（7）为将主要词通过 See（见）另一主要词；

（8）为著者姓名，前面有黑方块或"→"，表示该作者名第一次出现。

（四）机构索引

机构索引反映的是科研人员最近发表文章的情况，用它还可以了解在一定时间内，某机构哪些人的论文情况以及哪些专利在什么刊物上发表过。

具体格式用下面的例子加以说明（例六）：

MARYLAND（1）

GERMANTOWN（2）

·FAIRCHILD SPACE&ELECTR CO（3）

ISELLAPPA·RG（4）J GUID CON（5）330 89（6）

GREENTBELT（2）

·NASA（3）

·GOODDARD SPACE FLIGHT CTR（7）

BROWN OS（4）IEEE BIOMED（5）M9（29 613 89（6）

·ATSTROCHEW BRANCH

EXTRATERR PHYS LAS（8）

INUTH JA（4）JQUAN SPEC（5）L9）28 223（6）

其中：

（1）为美国州名（或其他国名）；

（2）为城市名称；

（3）为机构名称；

（4）为引用著者姓名；

（5）为文献所载刊名；

（6）为卷、起始页数、年份的后两位数字；

（7）为分支机构；

（8）为下属机构；

（9）为文章体裁符号。

有关文章体裁符号如下：

ORGANIZATION（机构部分）

NARA MED COLL（1）

JAPAN（2）NARA（4）

NASA（1）

MARYLAND（3）GREENBELT（4）

其中：

（1）为机构名称；

（2）为国家名称；

（3）为州名称（美国）；

三、SCI 的检索途径

对 SCI 的检索途径最常用的主要是如下 3 种：

（一）被引用著者途

具体例子见前面引用的例一。

（二）引用著者途径

具体例子见前面引用的例四。

（三）主题途径

这是利用此种检索工具进行信息检索时最常用的一种方法，所以特再用一个具体例子加以说明：例如，我们用这种方法检索有关"绝缘材料"课题方面的文献。

首先依据课题确定主题词应为："insulators material"；

检索工具：SCI 88 4D（permuterm subject index）；

用所定主题词在该检索工具的 6180 栏查的一来源作者为：EN-LOE CL.

再以此为据查该检索工具的 88 4C（SOURCE INDEX）；MI 48109.US⑦

其中：①为合作者；②为文献题目；③为刊载该文献的刊物名称缩写；④为文献所在刊物的卷（期）、起、止页码、年份；⑤为参考文献数目；⑥为ISI刊物号；⑦为作者地址。

第三节　《科技会议录索引》（ISTP）的检索

美国《科技会议录索引》的英文缩写为：ISTP，其全称为：Index to Science and Technology Proceedings。

一、概述

ISTP 的出版单位是美国科学情报研究所（Institute for Scientific Information，ISI）。

ISTP 报道范围广，有物理化学，农业，生命科学工程，技术和应用科学等，它每年报道会议 3 000 多个，论文大约 10 万篇。

二、编排结构

其期刊本由说明部分、"连续性图书书目一览表""目录索引"、正文和 5 种索引组成。

其说明部分介绍了编辑刊物的目的，收录范围，会议概况以及详细用法。

其书目一览表列出了每一个会议记录的较详细的信息，例如，会议录主题名称，编者，出版单位，出版时间，页码数量，价格，国会图书馆分类法，ISBN 号以及和会议录编号等。

其目录索引按照类目名称字顺排列，各类目下列出该期收录的会议名称和编号。

该刊正文部分的全部款目按照学科主题类目的字顺排列，将有关的会议录按照所属学科主题内容列在各类目之下，每一个完整的款目单元包括下列信息：会议信息，会议录信息，论文信息。

其索引中包括轮排主题索引，作者和编者索引，主办团体索引，会议地点索引和作者所在的地址和团体索引 5 种。

三、著录格式

（一）会议录目录著录格式

会议录著录格式及内容大体如下：

①会议录编号；

②会议名称、地点；

③主办单位名称；

④相应书名（刊名、卷、期、年）；

⑤编者；

⑥出版社名称、出版年、页数、章数、价格、收藏号、国际统一书号（刊号）；

⑦论文获取方法；

⑧通讯地址；

⑨会议录中论文名称、著者、工作所在地。

（二）轮排主题索引著录格式

其著录格式及主要内容如下：

①主要词；

②参见主要词；

③配合词；

④会议录编号；

⑤论文在会议录中的起止页码等。

（三）团体索引的组成及著录项目

该索引由地区部分（Geographic section）和机构部分（Organization section）组成。

其著录项目主要有：

①国家；

②城市名；

③单位名；

④个人姓名；

⑤会议录编号；

⑥起始页码。

四、ISTP 的检索途径

其检索途径也有多种，但一般情况下，我们多用其分类途径和其主题途径。下面，我们以主题途径为例对其检索方法加以说明：

检索课题：检索有关"ELECTRON DEVICES"方面的文献；

检索途径：主题途径；

检索工具：ISTP（2000 年，第 12 期，"Permuterm Subject Index"）

检索步骤：

（1）现在该工具书轮排主题索引中查课题中的主要词"ELECTRON"再在该主要词下查配合词"DEVICES"，在该书 p453 页第 902 栏查得如下结果：

ELECTRON

DEVICES……p90174① 　　 227②

其中：①为会议编号；②为文章在会议文献中所在的页码。

（2）依据会议编号"p90174"查得其在第 117 页，然后依查到的文章在会议文献中所在的页码"227"查得如下内容：

ELECTRON FIELD – EMISSION CHARACTERIZATION OF NANO-CRYSTALLINE DIAMOND THIN – FILM COLD – CATHODE DEVICES③

B. L. Weiss, A. Radzion ……④（Penn State Univ , Mat Ras Lab University Pk Pa 16802）⑤

（3）索取文献原文：这要依据该科技会议名称、召开的年份去查找会议文献。本例中会议名称等在 p117 的 p90174 会议编号之后，即：

SYMPOSIUM ON AMORPHOUS AND NANOSTRUCTURED CAR-
BON AT THE 1999 MRS FALL MEETING，Boston，Ma，Nov，29 – Dec
2，1999。⑥

以上内容中，其中 ③为文献题目；④为作者；⑤为第一作者工
作机构；⑥为会议名称、地点、时间。

最后，简要介绍一下《科学评论》　　（ IST—Index of Science
Review ）

该也是美国编辑出版的一种检索工具，是四大检索工具之一，这
一检索工具每年只出一期，其使用情况和前面介绍的几种检索工具大
同小异，这里就不再多加赘述了。

◇ ◇ ◇ 第三章

专业检索工具的检索

这里主要介绍《科学文摘》《化学文摘》《金属文摘》《数学评论》这四种专业性检索工具的检索方法。

第一节 《科学文摘》（SA）的检索

一、概述

《科学文摘》（Science Abstracts）简称 SA，1898 年创刊，最初主要是由英国"电气工程师学会"（The Institute of Electrical Engineering）"英国物理学会""英国电气工程学会"联合主办的，后来，美国"电气与电子工程师学会"（The Institute of Electrical and Electronics Engineering Inc）也参与了其 C 辑的编撰工作。

1983 年后，该刊由下述 4 个分册组成：

《科学文摘 A 辑：物理文摘》（Science Abstract Series A：Physics Abstract）简称 PA；

《科学文摘 B 辑：电子与电子学文摘》（Science Abstract Series B：Electrical and Electronics Abstract）简称 EEA；

《科学文摘 C 辑：计算机与控制文摘》（Science Abstract Series C：Computer and Control Abstract）简称 CCA；

《科学文摘 D 辑：信息技术》（Science Abstract Series D：Information Technology）简称 IT。

SA 收录内容集中、全面、情报价值高。其文摘水平也比较高，并且品种多样，索引齐全。

其出版形式分为：（半）月刊、半年度累积索引、多年度累积索引三种。

二、SA 的结构及内容编排情况

SA 各辑每期的结构是一样的，它们的编排情况如下：

Classfication and contents	分类目次表
Subject Guide	主题指南
Abstracts	文摘部分
Author Index	作者索引
Bibliography Index	书目索引
Book Index	图书索引
Conference Index	会议索引

Corporat Author Index　　　　团体著者索引

Supple mentary list of Journals　期刊增补表

[1] 其中的分类目次表列出了详细的类号，类目以及页码，例如：

00，00　　　　　　SYSTEM AND CONTROL THEORY（1）

01，00　　　　　　CONTROL THEORY（2）

01，10　　　　　　SPECIFIC SYSTEM（3）

01，30　　　　　　DISCRRETE SYSTEMS（4）

这里的（1）为一级类号及类目名称；

这里的（2）为二级类号以及类目名称；

这里的（3）为三级类号以及类目名称；

这里的（4）为四级类号以及类目名称。

[2] 其中的主题指南是指导不熟悉 SA 分类的读者，从主题查找类号的一种索引，附在每页前面。

[3] SA 的文摘部分情况介绍。

SA 各辑文摘款目的著录格式大体一致，即便是科技报告、会议文献等与期刊的著录格式略有差别，但也并不大。所以，这里仅以期刊论文的著录格式加以说明：

32871（1）Sensitivity of fiber optic acoustic detectors（2）I. L Bershten；YU. I. Zaitsev（3）（P. N. Lebedevphys. Inst Acad. Of Sci. Moscow，USSR）（4）Sor. J. Quantum Electron.（USA），VOL12，No. 5，P．615＿618（May 1982）. Translation of：Kvantouaya Electron，Moskval（VSSR），VOL. 9，No. 5，P. 973 978（May 1982）.（5）[received：Dec. 1982]（6）A study（7）（11 refs）（8）

其中：（1）为文摘号；

　　　　（2）为文献篇名；

　　　　（3）为著者姓名；

　　　　（4）为作者所在单位，地址以及国别；

　　　　（5）为文献出处；

　　　　（6）为文献收录的日期；

　　　　（7）为文摘内容；

　　　　（8）为参考文献书数目。

［4］SA 的索引部分情况介绍。

SA 的索引分为著者索引，书目索引，图书索引，会议索引，团体著者索引五种。其各自相关情况如下：

著者索引（Author Index）是指个人著者索引，按作者姓名字顺排列。为了提高检索效率，该索引分为单期著者索引以及累积作者索引。

单期著者索引著录格式如下：

Oyama，G·+（1）5832（4）　+Zaitsev，yv·I（2）32871（4）Gloge，D（3）

其中：

（1）为著者姓名（作者姓加上名的首字母），在姓名后有"＋"号者，说明其为第一作者；

（2）说明：在作者名前有"＋"号者，说明其为第二或合作作者；

（3）作者姓名前、后均无"＋"号者，说明其为合著者；

（4）为文摘号。

积累著者索引著录格式如下：

Faier，A·G（1） ·Testing the power supply（2）3—17534（3）
Faifer·V·N·（4）See（5）Anzin，V·B·（6）3—2099

其中：

（1）为作者姓及名首字母；

（2）为文献篇名；

（3）为文摘号；

（4）为第二作者姓名；

（5）为见；

（6）为第一作者姓名。

书目索引（Bibliography Index）是按照简化的篇名的字顺排的。
其著录形式如下例所示：

Science of language（1），（1648 refs（2）2248（3））

Solar cell materials（1）（290 refs（2）3486（3））

其中：

（1）为文献篇名；

（2）为参考文献；

（3）为文摘号。

图书索引（Book Index）是按书名字顺排列的。其著录格式
如下：

Materials for engineering：concepts and application（1）；L·H·
Van Vlack·（2）［Reading，MA·USA：Addison—Wesley 1982］（3）
89499（4）

其中：

（1）为简要书名；

（2）为作者；

（3）为出版地，出版者，出版年；

（4）为文摘号。

会议索引（Conference Index）是按照简化会议名称的字顺排的。其著录格式如下例所示：

Cybernetics and Society （1）·Boston· Ma·USA，Oct·1980（2）（IEEE）（3）［New York，USA：IEEE1980］（4）

其中：

（1）为会议名称；

（2）为会议地点，日期；

（3）为会议主办单位；

（4）为会议文献出版地，年份；

团体著者索引（Corporate Author Index）是按照机构名称以及其所在地的字顺排列的。其著录格式如下例所示：

General Electric Co （1） Control System for ink jet printer （2）

UK Patent 1401728 （3） 894 （4）

其中：

（1）为机构名称以及地址；

（2）为文献篇名；

（3）为专利所属国及其专利号；

（4）为文摘号。

三、叙词表《NSPEC Thesaurus》

（一）概述

叙词表是"国际物理舆工程情报服务部"（它简称为：INSPEC，其全称为：International Information Services for the Physics and Engineering，又可以称为：Information Services in Physics Electrontecnology Computer and Control—物理、电工、计算机控制服务部）编制的一种词表。它有完整的参照系统，通过参照，可以选择正确的主题词。它和 Ei 的《工程标题词表》（SHE）功能相同，但"叙词"的概念性比标题词更强，规范化程度也更高。它通过概念组配来表达主题，检索专指度更高。

（二）构成

其构成主要有以下几部分：

（1）叙词字顺表（主表）：其按字顺排列。

（2）叙词等级索引（族系索引，族表）：其按概念等级分成"叙词族"，例如：

materials—族首词

. alumina（. 表示级差）

……

. insulating

. . organnic insulating materals

. . . insulating oils

（3）叙词分类索引（范畴表）：其按叙词所属学科分类，按类集词，再按同类之下叙词字顺排列。

（4）叙词轮排索引（轮排表）：其利用错位、到位方法将由两个或以上单词构成的叙词按每个单词的字顺加以轮流排列而形成的一种辅助表，目的是增加检索叙词的机会。

（三）使用

可以将叙词当作标题词使用，也可以将叙词当元词使用，利用它检索机读文献效果最佳。

四、SA 的检索途径

SA 的检索途径也很多，通常最常用的是：分类途径；主题途径；著者途径。

下面我们以通过主题途径检索相应文献为例来说明一下 SA 的检索方法。

检索题目：检索有关"Electromagnetic field"课题的文献；

检索工具：SA 的半年刊和 SA 的 B 辑 EEA

检索途径：主题途径；

检索步骤：

（1）确定主题词为：Electromagnetic field；

（2）在该检索工具 SA 的半年刊的主题索引（Subject Index）中查得了以所定主题词为主标题的内容即：Electromagnetic field；

（3）在该主标题之下查得：　"phase shift mask，EM field simulator115749"；

（4）再以查得的文摘号"115749"为据，在 SAD 的 B 辑 EEA 中（11 月卷）查到如下内容：

115749①Benchmarking of available rigorous electromagnetic（EMF） simulators for phase – shift mask application. ②

C. K. Kalus, s. List（SIGM – A – C, Mun Chen, Germany），③Microelectron. Eng. （Netherlands）④, Vol 57 – 58, p. 79 – 86, （Sept. 2001）⑤（26th International Conference on Micro – and – Nono – Engineering, Jena, Germany, 18 – 21 Sept. 2000）⑥

It is well know that accurate simulation... to full 3D geometries using SOLID – CM and Vender A. ⑦（5 Refs）⑧

这其中：①为文摘号；②为文献题目；③为作者和第一作者的工作机构；④为文献所在书刊名称（缩写）；⑤为文献所在书刊的卷、起止页、年份；⑥为发表该论文的国际会议的名称；⑦为文摘；⑧为文献索引参考文献数量。

6. SA 检索流程图

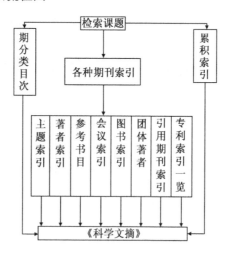

图 3 – 1　SA 检索流程图

第二节 《化学文摘》（CA）的检索

一、概述

《化学文摘》（Chemical Abstracts）简称 CA。是美国化学学会文摘服务社（Chemical Abstracts Service of the American Chemical Society）编辑出版的，这个刊物开始创建于 1907 年，历史非常悠久。

其出版形式为：从 1967 年起，每周出版一次，单周报道生物和有机化学领域的化学文献，双周报道高分子、应用化学、化学工程、物理、无机化学等领域的化学文献。它对各种化学工艺过程、实验数据、图表、化学结构等的介绍也很详细。

CA 收录面十分广阔，包含 136 个国家和地区的 1.6 万余种科技期刊，29 个国家和地区的专利文献，会议录，学位论文，政府报告，科技新书等。文字种类超过 56 种。内容方面主要涵盖理论化学和应用化学以及冶金、医药、肥料、印染、生物等有关学科领域的各个方面的科学研究与制造过程方面的有关文献。

CA 有如四个特点：

（1）它的文献搜集面而广。其收录的化学、化工文献占全世界这类文献总量的 98%。CA 是查找化学化工及相邻学科文献资料的最主要工具。

（2）CA 报道十分迅速。美国专利局公布的专利 12 h 内便送到文摘部，英文书刊当月即可报道，其他文种书刊的报道时差一般也仅为 3~4 个月。

（3）CA 文献的质量比较高，准确度比较强，而且简洁、完整。

（4）CA 索引完备，检索途经多。

其美中不足之处是文摘内容过于简要。

CA 的周刊本每周出版一期，文摘约占总版面的 4/5，索引约占总版面的 1/5。CA 分为单、双周出版。单周出版第一部分生物化学部分（Bio—Chemistry Sections 第 1～20 大类）和第二部分有机化学部分（Organic Chemistry Sections 第 21～34 大类）。双周出版第三部分大分子化学部分（Micromolocular Chemistry Sections 第 35～46 大类），第四部分应用化学与化学工程部分（Applied Chemistry and Chemistry Engineering Sections 第 47～64 大类）和第五部分物理、无机与有机化学部分（Physics, Inorganic and Analytical Chemistry Sections 第 65～80 大类）。

二、其文摘结构及内容编排情况

CA 的正文是按类编排的，分类类目表位于每期首页，它分为五大类，80 小类，每个类目下的文摘按照文献类型分为 4 个部分，每一部分之间用虚线隔开，这 4 个部分分别为：

（1）期刊论文文摘（Journal Article Abstract）会议录和汇编资料文摘（Proceeding & Edited Collections Abstract）技术报告文摘（Technical Report Abstract）学位论文文摘（Dissertation Abstract）档案资料文摘（Deposited Document Abstract）.

（2）新书和视听资料文摘（New Book & Audion Visual Material Announcement Abstract）

（3）专利文摘（Patent Abstract）

（4）相关的类目及文摘

下面再将每种文摘的著录格式作以简要介绍：

A：期刊论文文摘的著录格式：

举一实例加以说明：

126：13929j(1)Calcilium metabolism antagonist and inflammation inhibition mechanism of FK506d cyclosporin A.（2）Hasunuma，Tomoko（3）（st. marianna univ. sch. Med kawasaki. Japan216（4））. Clin. calcium（5）1996（6）6（12）（7），1535＿1540（8）（Japan）（9），Iyaku Janarusha A review with 19 fefs，……

这段文摘中的（1）指示的是卷号和文摘号，冒号前是卷号，冒号之后为文摘号，文摘号后的英文字母是计算机用的校正码。

其中的（2）为文献篇名，篇名一律用英文。

其中的（3）为作者，姓在前面，名在后边。作者最多只列前面9位。

其中的（4）为作者所在单位或论文寄发单位。

其中的（5）为资料来源名称的缩写。

其中的（6）为出版年份。

其中的（7）为出版物卷、期数，卷号不用括号，括号内的是期号。

其中的（8）为论文在期刊上的起止页数。

其中的（9）为该论文发表时所用的文字种类，以缩写标于括号之内。

B：会议录和汇编资料的文摘格式介绍：

举一个实例加以说明：

106：22350y（1）EPRI research on management to coal combustion wastes（2），Golden，Dean M.（3）（Electr. Power Res. Inst.，Palo Alto，CA，USA.）（4）Proc. Am Power conf.（5）1986（6），48（7），122_ 127（8）（Eng.）（9）A review，with 6 refs…………

本例中的（1）～（4）项的说明同前面的第一个例子的相应说明。

这里的（5）为会议以及会议录名称。

这里的（6）为会议时间和会议记录出版年。

这里的（7）为若该会议录为连续出版物，则为期次。

这里的（8）为该文在会议录中的起止页码。

这里的（9）为文种。

C：技术报告文献格式：

下面也举一个具体例子加以说明：

110：1642a（1）Study of materials having significance for high energy magnet production and for hydrogen storage（2）Wallance，W. E.（3）（Dep. chem. vnin. pittsburgh，PAUSA），（4）Report（5）1983（6）ARO_ 17165. 42_ MS；Order No AD_ A130900（11）14pp（7）（Eng）（8）Avail NTIS（9）From Gou Rep. Announce. Index（U. S.）1983，83（23），5638（10）

此例中的（1）～（4）项的说明仍然同前面的第一个例子的相应说明。

此处的（5）是技术报告系列题目。只采用系列中一部分时，用"Report"字样标识。

此处的（6）是报告出版年份。

此处的（7）是技术报告的页数。

此处的（8）是报告的文种。

此处的（9）是原始报告一般来源，一般可以从 CASSI 中查到。

此处的（10）是原始报告二级来源，即最早登载该报告文摘的刊物名称，卷期及文摘号。

此处的（11）是技术报告编号。

D：学位论文文摘的格式：

也再举一个实际例子加以说明：

110：156801a（1）The synthesis and rearranyements of cyclopenta-dienycobalt dience Complexes（2）King, Joseph；Anthony, Jr. （3）（Vniv. California, Berkeley, CAUSA（4）1983（5）245pp（6）（Eng）（7）Avail Univ. microfilms Int. Oder No. DA8328940（8）From Diss Abstr. Int. B1984, 44 ［8］, 2428（9）

这个例子中的（1）~（4）的说明仍然同前面的第一个例子中的相应说明一样。

这里的（5）是论文发表的年份；

这里的（6）是论文的总页数；

这里的（7）是论文所用的文种；

这里的（8）是论文的来源，此处为学位论文缩微胶卷顺序号；

这里的（9）是文摘的来源。

E：新书以及视听资料文摘格式：

举一实例加以说明：

110：12960d（1）Theory of Molecular Structure（Electron Shells）（2）Theovie de la Structurle Molculaire（Couches Electroniques）（3），

V．；Minyaev，R．；Simnine，B（4）．　（Technique et Documeatation；Paris Fr）（5）1983（6）440pp（7）（Fr）　（8）F58（9）Translated from Russ（10）．

这里的（1）是文摘号，与 CA 其他所有文摘连续计算；

这里的（2）是书名或者资料名；

这里的（3）是非英文的原书名，置于括号之内；

这里的（4）是书籍的作者或编辑；

这里的（5）是出版地点；

这里的（6）是出版年份；

这里的（7）是总页数；

这里的（8）是语种；

这里的（9）是出版书价；

这里的（10）是翻译自……。

F：专利文献格式

举一个实例加以说明：

110：6325j（1）2，2，4，5，5 pentamethl－3－formyl－△3－pyrroline（2）Costanzi，Sivestro；Tessarolo，Francesco；brunelli，Maurizio（3）（Anic S．P．A）（4）U．S．USA，393，218（5）（CI.548－530；Co7p207/24），（6）12 Jul．1983（7）IT（8）APPL．79/23，080（9）May 1979（10）4pp（11）Cont，inpart of U．S．ser．No.149511，abardoned（12）……（13）

这里的（1）是专利文摘号，与 CA 其他所有文摘连续计算；

这里的（2）是专利标题；

这里的（3）是专利发明人名；

这里的（4）是专利权受让者姓名，置于圆括号内；

这里的（5）是专利号，号码前面是转让专利的所属国缩写字；

这里的（6）是专利分类号，是用国际专利分类法分类（IPC），置于括号内；

这里的（7）是专利公布日期，也是专利批准日期

这里的（8）是专利优先国，当没有优先国时，专利优先权就属专利局所属国家；

这里的（9）是专利申请号，在申请号前有"APPL·"表示为专利；

这里的（10）是专利申请日期；

这里的（11）是专利总页数；

这里的（12）是参考专利；

这里的（13）是专利说明书内容。

G：类目参见部分著录格式

举一个实际例加以说明：

For Papers of related interest see also section（1）：

1（2）139459n（3）Hemoproteins are directly reduced and not by the superoxide pathway during xanthine oxidase_ catalyzed hydroxylation of pyzazionic acid（4）

139484z······

139490y······

139501j······

2　　　　2140091a······

3　　　　3140240y

这里的（1）为论文的参见部分（黑体字）；

这里的（2）为参见的类号；

这里的（3）为参见的文摘号；

这里的（4）为参见文献的标题（属临时性参见）；

这里的（5）为参见的类目名称（属永久性参见）；（本例中未出现此项）；

这里的（6）为专利参见部分（本例中未出现此项）。

三、CA 索引部分情况

CA 的索引体系比较完善、系统，并且索引名目繁多。按照 CA 出版式可划分为期索引、卷索引和积累索引 3 种。它们所包含的索引如下面所示：

CA 索引一览

期索引中包括：关键词索引；著者索引；专利号索引。

卷索引包括：普通主题索引；化学物质索引；分子式索引；作者索引；专利索引；环系索引；登记号索引。

积累索引包括：主题索引；普通主题索引；化学物质索引；分子式索引；作者索引 专利索引；专利对照索引；环系索引；杂原子索引；登记号索引；索引指南。

下面以关键词索引，著者索引，专利索引情况为例对它们的主要情况及使用方法加以介绍：

A：关键词索引

关键词索引自 1963 年 58 卷开始编制，其中的关键词文献的篇名和内容，按字母顺序，对若干关键字进行轮排，组成一条索引。从

1978 年的 89 卷起，其著录格式有些变化。下面用一个具体例子对其著录格式加以说明：

Acarcide（1）

Bicylic arylpyrrolidine dione prepn（2）

P144109k（3）cheyletid mite fluorome

That sulfonanilide prepn. p14100th

其中：（1）为主关键词；

（2）为次要关键词；

（3）为文摘号，出现"P"则为专利。

B：作者索引

期索引著录格式比较简单，只有著者名称和文摘号二项。在卷年累计和索引中，作者索引中包括文摘号和文献篇名，并且只安排在第一作者名下，合作者用 SEE 进行引见。CA 作者索引一概采取姓前名后的排列方式，名字一律用首字母，不用全名，对拉丁语系作者的姓名都用音译法翻译成拉丁字名。中国作者用汉语拼音直接音译。

C：专利索引

专利索引按专利国别代码字顺排列，专利国别代码采用两个大写字母，国别代码下按照顺序著录专利号以及有关事项，对其著录格式这里举一个例子加以说明：

JP（Japan）（1）

01／006065 A2（2）（01／040064134）（3）

［890605］（4），110：214817K（5）

01／006207B4，See DE 2820860A1（6）

01／047894 A2［8947894］，111：237554g（7）

DE 3740177A1（Nonpriority）（8）

FR 2420670A1（B1）（9）

FR 2619561A1（Related）（10）

111：1839032

JP 01/215738A2（Related）

JP 01/226748A2（Related）

JP01/230440A2（Related）

US 4873079A（Continuation；Related）（（11）

WO 89/08863A1（Designated

States：US；Designated

Regional States：EPCAT

BE. CH，DE，FR，gb，IT，

LU，NL，SEI；Related）（12）

其中：

（1）为专利国代码，括号内给出全称；

（2）为各国专利类别；

（3）为日本特许公报（B4）专利号：日本天皇元年第 040064 号，它是 01/060065A2 的另一个出版阶段；

（4）为日本天皇元年变为公元年份，即为 1989 年；

（5）为对应的 CA 卷号和文摘号，因为是最新报道，所以用黑体字；

（6）为日本特许 01/006207B4，其等价专利（用 SEE 表示）为德国专利 DE2820860A1；

（7）为又一篇日本公开特许及其对应的文摘号，下面跟着的众

多专利构成该专利的"专利文献族";

（8）"Nonpriority"表示不享受优先权的专利；

（9）法国专利 FR2420670A1 是其等价专利；

（10）标有"Related"为相关专利；

（11）"Continuation"为继续，说明 US4873079A 是相关专利续篇；

（12）"WO"是世界知识产权组织的专利组织代码，它适用的国家是指定的，用"Dsignited States"来表式，EP 为欧洲地区专利组织，它包括 AT 奥地利等 10 个国家，该专利为相关专利。

四、CA 的检索途径

CA 的检索途径很多，主要有：主题途径；分类途径；专业性途径；著者和号码途径等。其各种途径的检索方法和前面已经介绍过的大体相同，这里就不一一举例加以详叙了。

第三节　《金属文摘》（MA）的检索

《金属文摘》是金属材料领域比较常用的一个很重要的检索工具，这里，我们将把它的一些基本、重要的情况向大家做些介绍。

一、概述

《金属文摘》创刊于 1968 年，由英国、美国金属协会联合编辑出版。它的英文全称为：Metals Abstracts，简称为：MA。

其出版形式分为：《金属文摘》（MA）、《金属文摘索引》（MAI）、（合金索引）（Alloy Index）及年度索引版及全年文摘版的合订本。

其收录范围为：它收录了 1 000 多重金属方面的期刊论文，科技报告、图书等。

二、《金属文摘》的结构及内容编排

《金属文摘》单期结构主要有类目表、文摘、著者索引 3 部分构成。

（1）类目表：类目表位于每期的最前面，共分 33 类，分类号由 2 位数组成。

（2）文摘的著录格式：对此仅举下例加以说明：

56—1213①Effect of Zr and Mg on the aging precipitation of rapidly solidified Cu_ Cr alloy②

……patterns③ 11 ref ④

P. Lin（Xi An jiaotong university）⑤ and X. Cao，B. Kang（institute of Technology Luo Yang），H. Cu，J. Huang（Xi an jiaotong university）⑥ Trans. Net，Heat Treat（China）. June 1999，20，（2）46 – 50，62［In Chinese］ISSN：0254 – 587 – X. ⑦

其中：①为文摘号（类号加顺序号）；②为文献题目；③为文摘内容（略）；④为参考文献树；⑤为第一作者姓名（工作单位）；⑥为其他责任人（工作单位）；⑦文献来源（刊名缩写、出版年、卷、期、页、语种、ISSN 号）。

（3）索引：《金属文摘索引》提供的索引途径有：

著者索引、团体著者、文献类型索引、专利号索引、主题索引

它的主题词采用的是《冶金叙词表》。

三、《金属文摘》的检索途径

实际上，从其前述索引类型中我们就可以看到《金属文摘》可以有和索引数相对应的检索途径。但是，通常我们最常用的还是分类途径和主题途径。这两种途径的具体检索方法前面已经介绍过了，这里就不再重复细谈了。

第四节　《数学评论》（MR）的检索技术

《数学评论》是数学领域比较权威、重要的一种检索工具。现对其一些主要情况介绍如下；

一、《数学评论》概况

《数学评论》的英文全称为：Mathematical Rewiews 简称为：MR。

（1）《数学评论》的出版单位为：美国数学学会。

（2）《数学评论》报道的内容为：水平较高的数学领域内重要的评论文献。

（3）《数学评论》收录的文献类型为：评论性的文摘。

（4）《数学评论》的出版形式为：月刊和年卷两种方式。

二、《数学评论》的结构和内容编排

（1）《数学评论》月刊：其月刊中包含如下内容：

①分类目录；

②文摘正文；

③著者索引；

④关键词索引。

（2）《数学评论》卷索引中包含如下内容：

①著者索引；

②关键词索引。

（3）《数学评论》年度累积索引中包含如下内容：

①主题索引；

②著者索引；

③关键词索引；

④缩写全称对照表；

⑤期刊译名表；

⑥机构代码及地址。

三、《数学评论》的检索途径

实际应用中，我们对《数学评论》的检索主要通过以下三种检索途径：

（1）分类途径；

（2）关键词途径；

（3）著者途径。

以上各种检索途径的基本方法以前我们都作过比较详细的介绍，其在《数学评论》的检索应用中也是大同小异的，所以，这里也就不再赘述了。

◆ ◆ ◆ 第四章

特种文献的检索技术

在特种文献的检索中我们主要讲述如下四种特种文献的情况和检索方法，它们是：专利文献；科技报告；标准文献和学位论文。

第一节　专利文献的检索

一、专利文献的特性

（1）专利文献的文献量巨大，每年约 公布 100 万件，现在，全世界已累计件数达 3 000 万件,,而且，它覆盖面广，可以说各行各业几乎无所不包。

（2）各种专利说明书公布时均有自己的编号—专利号（准确地说

应为专利说明书文件号），所以，查得专利号即可查到专利说明书。

（3）引起既为技术性文献又是法律性文件，所以，要求检索之前应先了解有关专利制度及专利文献基础知识，以便检索利用。

（4）各国专利文献编排格式统一，著录项目统一。均有统一的分类号—国际专利分类号。这为检索特别是机检创造了有利条件。

（5）说明书题目均是概括性的，不易看出具体内容。故不能只看题目就决定取舍……

二、世界专利索引（WPI——World Patent Index）的使用

（1）世界专利索引（WPI）是一国德温特公司（Derwent publication Ltd）1974年创办的一种专利检索工具，它是题录性周报，包含四个分册。

（2）世界专利索引（WPI）的内容和编排结构。

①专利权人索引（Patenter Index）。按专利权人代码的字母顺序排列。此代码用四个英文字母表示，可利用该公司出版的《公司代码手册》（Company Code Manual）查到。

②国际专利分类索引（IPC Index）。在IPC同一分类号下，按专利国别顺序排列。注意：该索引对南非、日本的有关相同专利不予报道。

③登记号索引。该索引是将同族专利汇聚到一起的索引。

④优先权索引。这种索引分为周刊本和年卷本两种。

（3）世界专利索引（WPI）的检索途径。

世界专利索引（WPI）的检索途径主要常用以下几种：分类途径；专利权人途径；入藏号途径和专利号途径。

（4）世界专利索引（WPI）的检索实例（现以分类途径为例）

检索课题：检索有关"用氧化法处理废水"方面的有关专利文献；

检索工具：世界专利索引（WPI）

确定检索关键词：Water

检索步骤：①先用 WPI《目录周报》中的国际专利分类法中的关键词索引，在其中查"Water"，得到如下内容：

Water

Obtaining or reating－－－：distiling BIOD treating foul or wast－－－heaters C02F

②由此可以看到：C02F 这各类号和需查课题有关，其主题内容是关于废水和污水处理的，那么，根据这各分类号可以在国际专利分类表中进行核对：

C02F TRETMENT OF WATER, WASTER WATER, SAVAGE, OR SLUDGE

（水，废水，污水及污泥处理）

1/00 Teatment of water, wast water, or sewege

（3/00 to 9/00 teke precedence）

1/02. By heating

1/04.. distillation or evaporation

……

1/72. By oxidation（用氧化法）

由此可知：最后这项符合本课题要求，所以，进一步得到所需国际专利分类号为：C02F 1/72。

③根据这各分类号在《WPI 目录周报》中查专利分类索引，所

得到的结果著录格式如下：

C02F－－－01

☆☆wast－－－water sludge treatment using pressurised reaction vessels—Which expose sludge to aeraction，oxidising agent and lime D

Process RES DEV & M 30.09.82

84－－－116343 ☆ GB2128－－－980－－－A72

这是一篇论述"用密封反应器处理废水污水"得专利文献。"—"之后是德温特公司队员专利文献题目所作的补充说明，说明废水处理采用的是氧化剂和石灰充气的方法。

……

其他实例从略。

三、世界专利索引（WPI）检索的一般流程

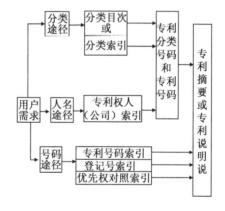

图4－1 世界专利检索流程图

第二节 科技报告的检索

一、什么是科技报告

它多指那些涉及前沿学科的最新研究课题，大多是各国政府部署和支持的研究课题，是内容比较专深、详尽的科技文献。

科技报告的特点

（1）其内容前沿、新颖；

（2）多有政府部署支持；

（3）其发行量较小，有保密度限制，索取原文比较困难。

二、美国四大科技报告介绍

（一）PB 报告（Publication Board）

它属于美国行政系统的科技报告。

①PB 报告的主管部门：1945 年 6 月，美国成立了商务部出版局（Office of the Publication Board ）专门负责整理从德、意、日等战败国夺取的科技资料，并在其上冠上了 "PB" 字样，成其为 "PB 报告"，编号到 10 万为止。以后的 "PB 报告" 则主要是国内政府科研机构、高效、公司、研究所等及国外科研机构的科研报告。现在则由 "美国国家技术情报服务处"（National Technical Information Services—NT – IS）负责科技报告的收集、处理、检索及发行工作。

②PB 报告的内容：其内容现在主要侧重民用工业，如：土建、城市规划、生物医药、航空、电子、原子能利用、军械等。

从 1980 年起其报告号采用了新编号，即：PB + 年代 + 顺序号。

（二）AD 报告（ASTIA Documents）

其中的 ASTIA 是 Armed Services Technical Information Agency（美国武装部队技术情报局）的缩写，由此可见，该报告是美国军事系统的科技报告。

①AD 报告的主管部门：1951 年 5 月起由美国武装部队技术情报局（SATIA）负责，1951～1963 年，其文头均表有 "AD" 字样，所以，其被称为 "AD 报告"，1963 年 3 月之后，SATIA 改组扩建为：国防科技情报文献中心（DDC）。此后，其文献仍标以 "AD" 字样，但内容、含义已与以前不同了，它是指：Accessioned Documents（收藏文献）之意。1979 年，DDC 又改名为 DTIC（Defense Technical Information Center）。

②AD 报告的内容：其内容主要是军事方面的，也有许多技术领域的文献。

AD 报告密级分为：机密、秘密、非密限制发行、非密公开发行四级。

（三）NASA（National Aeronatics and Space Administration）报告

它是属于航空宇宙系统的科技报告。

①NASA 报告的主办单位：该科技报告创办于 1958 年 10 月，它的主办单位是美国国家航空和宇宙航行局（NASA）。

②NASA 报告的内容：其收录的内容主要是地球大气层内、外飞行问题的研究，飞船试验、研究，空间开发研究等方面的科技报告。

（四）DOE 报告

这个报告是属于原子和原子能管理系统的科技报告。

①DOE 报告的主办单位：它的主办单位历经了多次变化：1946 年 8 月

它由原子能委员会 AEC（Atomic Energy Commission）主办，1974 年 10 月便为由能源研究与发展署 ERDA（Energy Research and Development Administration）主办，到了 1974 年 10 月，又变为由能源部 DOE（U. S. Department of Energy）主办。这里该报告的名字就是依据其最后的主办单位的英文名称缩写而定的。

②DOE 报告的内容：其收录内容主要是有关原子弹、核能等方面的科技报告。

三、PB，AD，NASA，DOE 的检索

这里以 AD，PB 的检索为例来说明一下美国四大科技报告的检索：

AD，PB 检索的主要工具是美国《政府报告通报与索引》（Government Reports Announcement & Index 简称：GRA&I）。它由美国商业部国家技术情报服务处（NTIS）编辑出版，是半月刊。

GRA 为文摘，GRI 为索引。

A. GRA 按美国科技情报委员会分类法编排，共分 22 大类，用阿拉伯数字表示，例如：

1. Aeronautics　　　　　　　　　　　航空

2. Agriculture　　　　　　　　　　　农业

……

7. Chemistry　　　　　　　　　　　化学

9. Electronics and Electrical Engineering　电子学与电工

22. Space Technology　　　　　　　　空间技术

大类中的小类用英文字母表示，例如：

9A Components　　　　　　　　　电子元件

9B Computer　　　　　　　　　　计算机

……

B．GRI 由主题索引（Subject Index），个人著者索引（Personal Author Index），团体著者索引（Corporate Author Index），合同号索引，登记号/报告号索引组成。

检索实例：

检索课题：查找有关"放射性废物存储罐的应力腐蚀问题"方面的相应科技报告。

①确定主题词："Stress Corrosion"（应力腐蚀）

②查 GRI 中的主题索引，得到如下内容：

STRESS CORROSION

Control of stress corrosion cracking in storage tanks aontaining radjoactive waste

　　DP – MS – 77 – 94（登记号）

18G（类号）

③根据主题索引中 18 大类 G 小类和查到的 DP – MS – 77 – 94 登记号，就可以在 GRA 中查到这一主题的一篇文摘如下：

Field 18 Nuclear Sciences and Technology（核科学与技术）

Group 18G Radioactive Waste and fission products（放射性废物与核裂变）

　　DP – MS—77 – 94

DU Pront de Nemours（E，L）and co，Aiken，Sc，Savannah River

Lab. ①Control of stress corrosion cracking instorage tanks containing radicative waste ②

R. S. Ondrejcin, S, P, Rideout, and J. A Donovem ③ 30 Apr 78, 299 CONF – 780355 – 1④

Contract EV – 76 – L – 09 – 0001⑤

其中：①是提供报告的机构；②是报告的篇名；③是三位个人著者；④是提供报告单位给的报告号；⑤是和同号。

利用其他检索途径例如著者途径、分类途径等进行相应检索的实例这里就不一一列举了。

第三节　标准文献的检索

一、标准文献的概念

标准是对重复性事物和概念所作的统一规定。它以科学、技术、实践经验的综合成果为基础，经有关方面共同协商，由主管机构批准，以特定的形式发布做为共同准首的准则和依据，它是科技、经济、管理研究工作成果的一种表现形式。标准文献就是建立在这样的标准基础上而形成的一种文件。

二、标准文献的特点

标准文献有如下显著特点：

①它公开颁发，法律性强；

②它有固定编号，一个标准只解决一个问题；

③它文字简练，绝大部分只有 2，3 页；

④它按不同范围分为不同的级别。

技术标准一般具有如下项目：

①标准级别；

②标准名称；

③标准号（由"标准代号＋序号＋年代号"组成）；

④标准提出单位；

⑤审批单位；

⑥批准年月；

⑦实施日期；

⑧标准内容若干项。

三、标准文献的检索

（一）我国标准的检索

（1）我国标准文献的检索工具。

《中华人民共和国工农业产品工程建设国家标准和部标准目录》，它由中国技术标准出版社编辑出版。其中的国家标准分别按国家标准号和顺序排列；部标准分别按 a. 类、组分类排列—分类目录 b. 按标准号大小顺序排列—顺序目录排列。

（2）我国标准文献的检索途径。

①分类途径；

②标准号途径。

（3）我国标准文献的检索实例：（以分类检索途径为例）。

检索课题：检索有关"冰晶石标准"方面的文献；

检索步骤：

①确定"冰晶石"所属类目为"冶金部分—3类有色金属产品—31组轻合金—311分组冶炼产品";

②浏览《国家标准和部标准目录》的分类目录中的"冰晶石"所素类目下的各条标准便可查到：

YB 121—75 冰晶石（被代替标准号）YB 121—63

③根据 YB 121—75 到馆藏单位去索取或复制全文。

（二）国际标准及其检索

（1）国际标准概述。

国际标准包括"国际标准化组织"（ISO）和"国际电工委员会"（IEC）标准等22个国际组织制定的标准。

ISO 的全称为：International Organization for Standardization，其成立于1947年2月23日，目前其成员国有89个，我国是1978年加入的。

其标准必须经全体成员国协商表决通过后方能生效。

（2）ISO 标准类型级标准号。

A. 正式标准：其代号为：ISO（1972年以后发布的）

如：ISO① 491—② 83 ③ 电影，35mm 影片和磁性胶片，裁切合打孔尺寸④

其中：①为代号；②为序号；③为制（修）年份；④为标准名称。

B. 推荐标准：其代号为：ISO/R

C. 技术报告：其代号为：ISO/TR。

（3）ISO 的主要检索工具及检索方法。

A. ISO 的检索工具：

其检索工具为：《国际标准化组织目录》（ISO Catalogue）年刊。

该目录为五个部分，它们分别是：

主题索引：有英、法文两种，按其字母顺序排列。在主题词后列出 TC 类号和标准号。

目录正文：其编排次序为：TC 类号，标准号，标准名称，出版情况，页数及英、法文对照名称。

标准序号索引：按 ISO 标准号顺序排列，其后列出价格代码和所属 TC 类号。

作废标准目录：（略）

国际十进分类号（UDC）与 ISO 技术委员会（TC）序号的对照表。其按国际十进分类号顺序排列。再其前列出 TC 类号。

B. ISO 的检索途径：

其检索途径最主要和最常用的是主题检索途径和标准号检索途径。下面对其如何运用问题我们将举一个具体的实例来加以说明（主题检索途径）：

检索课题：检索有关"丙酮"方面的国际标准；

检索步骤：确定主题词：acetone（丙酮）

按其字顺查英文主题索引，得到：

TC Standards

Acetone 47　757

根据 TC47 类号和标准号 757 到《国际标准目录》的目录正文查找，得到：

ISO 757/1 – 1982 工业用丙酮的试验方法第一部分：总则；

ISO 757/2 – 1982 工业用丙酮的试验方法第二部分：以酚酞为指示剂的酸度测定；

根据 ISO 757/1 – 1982 和 ISO 757/2 – 1982 到馆藏单位去索取或

复制原文。

ISO 的其他检索途径的检索方法就不再详叙了。

（三）美国标准及其检索方法

（1）概述。

美国国家标准学会对自行制的标准加以专业分类，目前共分为 18 个大类，按英文字母顺序排列，其下又分为若干个小类，小类号用字母加数字表示。其大类如：

A 土木建筑类

B 机械工程

C 电气工程

……

X 信息处理系统

……

Z 杂项

（2）美国国家标准号的构成。

①ANSI 自行制定的国家标准。

其标准号构成如下：代号 + 分类号 + 小数点 + 序号 + 年份。例如：ANSI A1．1 – 1970 表示的是硅酸盐水泥规格。

②ANSI 采用专业标准为国家标准。

其标准号构成如下：代号 + 断开号 + 原专业标准号 + 年份。例如：ANSI/UL560 – 1980 表示的是家用洗衣机安全标准。

（3）美国国家标准的检索工具。

其检索工具为《美国国家标准目录》（Catalogue of American National Standards）年刊。其有中译本。该工具中包括三个索引：

①主题索引；（目录正文部分）其排列次序为：a 主题词（按英文字母顺序）；

②标准名称，其后是标准号及资料价格。

美国国家标准学会自行制定的标准分类索引；其排列次序为：字母大类号—>数字小类号—> 标准号。标准号后仅列出所属主题词。

③经 ANSI 采用的各专业标准的序列号索引。其排列次序为：制定标准的单位名称（缩写字母顺序）—> 专业标准号，其后附有所属主题词及资料价格。

四、美国国家标准的检索方法

美国国家标准的检索途径主要和常用的是：分类途径；标准号途径和主题途径。这些检索途径的方法前面都作过介绍，这里就不重复了。下面给出美国国家标准的检索流程图：

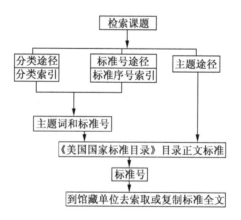

图 4-2　美国国家标准的检索流程图

第四节　学位论文的检索

一、概述

学位论文是各国攻读硕、博士者为取得学位所作的科技报告。它的数量较多、内容较新，有较大的学术及应用价值。

二、学位论文的检索工具

学位论文的检索工具主要有以下 3 种：

（1）国际学位论文文摘（Dissertation and Abstracts International）；

该文摘分为 3 辑：

A 辑：人文与社会科学（Humanity and Social）；

B 辑：科学与工程（Science and Engineering）；

C 辑：欧洲学位论文（European Dissertation）。

（2）日本博士论文索引；

（3）前苏联列宁图书馆和国立中央医学科学图书馆博士和副博士论文馆藏目录。

三、学位论文的检索途径

学位论文的检索途径主要和常用的有以下 3 种：

（1）分类途径；

（2）关键词途径；

（3）著者途径。

四、学位论文的检索方法

对上述 3 种检索途径我们已经不再陌生了，那么，利用它们对学位论文进行检索也就显而易见了，这里也就不必再赘述了。

◇ ◇ ◇ 第五章

一般计算机信息检索技术

现实之中计算机信息检索是许多图书馆常用的重要检索方式，所以，这里我们首先专就这方面的技术加以阐述。

第一节　计算机信息检索系统发展情况

计算机技术在图书馆中的应用使传统图书馆发生了一次历史性的升华和飞跃。现在，应用计算机技术实现文献信息检索的自动化是情报工作现代化的重要内容之一。早在 1954 年，美国海军军械试验站（U. S. Navy ordance Test Station）图书馆第一个利用计算机建立了一个信息检索系统（NOTS），储存进入的文献 14 000 篇，它每周工作三次，进行 16 次批量检索，耗时约 11 分钟，输出的是文献号。1959 年，美国人卢恩（H. Lunn）利用 IBM—650 电子计算机又建成了世界上第一个"定题情报提供"—SDI（Slective Disemiation of Information）系统，为科学研究机构提供一定主题的新到文献，到 1966 年，美国的 SDI 系统已经发展为 118 个。早在 20 世纪 60 年代，美国就着手计算机联机信息检索系统的研究开发以及实验工作。1962 年，美国麻省理工学院已经进行了世界上最早的信息联机检索实验。70 年代，联机信息检索系统在美国得到迅速地推广。

西欧一些国家于 20 世纪 60 年代也开始着手计算机检索的研制与开发工作。70 年代以后，这些国家也逐渐把计算机信息批量处理系统改成了联机系统。目前，发达国家的一些计算机联机检索系统，通过卫星通讯网络和计算机专用终端，在世界范围内提供联机检索服务——这也可以说就是数字图书馆（D—Lib）的雏形。现在拥有情报数据库最多、联机检索业务最广泛的联机检索系统有美国的 DIALOG 系统，ORBIT 系统和欧洲的 ESA/IRS 系统等。

随着计算机技术及卫星通讯技术等相关技术的发展及其对它们的综合利用，计算机情报信息检索技术得到了飞速发展。这一发展大体可划分为以下三个阶段：

第一阶段：脱机检索阶段（off – Line Retrieval）

20 世纪 50 年代至 60 年代中期，主要用单机进行新到文献的定期检索和过期文献的追溯检索。美国国立医学图书馆的医学文献分析与检索系统（MEDLARS）就是这个阶段的典型。

第二阶段：联机检索阶段（On – Line Retrieval）

20 世纪 60 年代后期至 70 年代初期，初级联机检索只利用单台大、中型计算机，但有多个终端，通过线路与中央计算机联接，利用"分时"技术，使若干个用户同时进行人机对话，进行联机检索。美国国立医学图书馆于 1970 年借助电话线路把 MEDLARS 扩建成联机检索系统（MEDLINE）。美国洛克希德导弹与空间公司也于 1967 年研制成功以 DIALOG 命名的联机检索系统。

第三阶段：联机检索网络化阶段（On Line Retrieval Network）

1973 年以后，由于通讯卫星和网络技术的发展使公共数据传输技术开始应用于科技情报的传递，从而从文献信息检索进入网络化阶段。在检索网络中，每个大型情报单位的计算机是其中的一个节点，每个节点又联接很多终端，各节点间又依靠通讯线路彼此联接，这样就构成了一个纵横贯通，互相利用的计算机网络。任何一个终端，都能利用网络中的任意一台计算机存储的文档进行信息检索。目前，世界上比较著名的网络化联机检索系统有欧共体九国所属的欧洲科技情报联机检索网络（EURONET），美国系统开发公司的 ORBIT 系统，美国洛克希德公司的 DIALOG 系统，欧洲空间组织的 ESA 系统，美国医学图书馆的 MEDLINE 系统以及日本科技情报中心的 JICST 系统等。

计算机情报检索，特别是国际联机检索的实现，其作用是相当巨大的，其意义也是十分明显的。据美国 DIALOG 系统提供的资料，它的作用可以被归纳为以下 17 点：

（1）及时了解有关专业的发展情况；

（2）编制有关专业的科学与技术研究的文献目录；

（3）收集撰写报告，讲演稿，备忘录及建议等所需的参考资料；

（4）跟踪了解与重要研究课题有关的科技情报；

（5）核对以前出版的文献，避免重复研究；

（6）审订财政预算；

（7）查找专利文献；

（8）汇集产品供销量数据；

（9）预测经济发展趋势；

（10）收集消费者对产品的评述意见；

（11）了解产品竞争者的资料；

（12）撰写学术论文，学位论文或专题论文；

（13）撰写授予荣誉称号的论文；

（14）帮助开设新课程和制定新的教学大纲；

（15）帮助进行独立研究；

（16）图书馆之间互相了解馆藏情况；

（17）尽快找到报刊杂志上最新发表的的文章。

第二节　计算机信息检索系统的主要概况

一、计算机信息检索系统的组成

按照用户需求，通过通讯线路和终端设备对预先编制与储存在计算机数据库中的内容（如二次文献、数值、数据、事实数据等）进行检索的系统，即计算机信息检索系统，简称机检系统，典型的机检系统一般包括计算机、数据库、终端设备和输出打印设备。若为远程联机系统，则还要包括数据传输和数据通信网络设备等。

计算机：一般配置大型计算机以及高速 CPU 大容量内存，可处理大批检索用户需求，存放运行中的程序和数据，软件部分包括数据管理软件及操作系统软件等。

终端设备：包括键盘打字输入和屏幕显示（CRT）设备，它们是人机对话的工具。

输出打印设备：一般配置打字机，也可以配置相应设备后直接产生缩微胶卷，缩微平片或光盘等信息载体。

数据传输设备：包括电传线路，电话线路，调制解调器和多路复用器等。

数据通信网：有专门的数据通信网公司服务，用以实现远程联机检索。

数据库：由若干个以至几百个既独立又关联的文档（File）构成，文档由大量有序地按规定标准箸录的文献记录构成。每条记录相当于二次文献中的一条题录或文摘。文档是独立面向情报用户的基本检索单位。

文档记录的有序排列，通常有顺排和倒排档两种。

顺排档（Linear File）为：按文献记录的存入号由小到大顺序排列的文档。大多以磁带、磁盘为载体。顺排档也称为单元记录文档，它把每一条记录的完整内容存入。

倒排档（Inverted File）为：按照文献记录中的单个箸录项，如主题词的字顺，分类号的序列，作者姓氏的字顺等排列，对应的存入号（如文摘号）被记录在各箸录项下。相对于存入号来说，这种排列是非顺序的重新排列，所以称为倒排挡。

二、系统的分类

机检系统的分类实际上是机检系统进行信息检索服务内容的分

类，它可以有以下3类：

（一）按机检的内容分类

按机检的内容可以分为以下4种：

（1）文献的检索系统（Document Retrieval Sestem）。

这种系统的检索对象是二次文献，即题目或文摘。它对应于机检系统中建立的二次文献型数据库。

（2）数值型检索系统（Data Retrieval Sestem）。

这类系统的检索对象是数值形式的数据，它对应与机检系统中建立的数值型数据库。

（3）事实检索系统（Falt Retrieval Sestem）。

这类系统检索对象是与某一事实相关的所有文献数据。它对应于机检系统中建立的事实型数据库。

（4）全文检索系统（Full Text Retrieval Sestem）。

这类系统的检索对象是文献的全文（原始文献）。它对应于机检系统中建立的全文本数据库。国外已于20世纪90年代开始建设并用于商业服务。目前还在开发和建立"超文本"检索系统。

（二）按照机检的方式分类

按机检的方式可以分为以下2种：

（1）脱机检索系统（Off - Line Retrieval Sestem）。

一般是指远距离情报用户不能直接与计算机对话，只能由用户提出情报需求，再由专职检索员进行情报检索。这种机检方式还有一个突出的优点是：在建立用户提问档案后，机检系统及管理部门能定题定期地为用户提供最新资料，这就是众所周知的SDI服务。

（2）联机检索系统（On - Line Retrieval Sestem）。

这是指情报用户直接利用终端设备，通过通讯线路与机检系统进行人机对话。用户自己亲自操作，灵活地进行随机判断和修正检索策略，直到找到满意结果为止，一般来说，联机检索的技术设备要先进些，如数据库的响应要快，数据更新要及时，保密措施要严格等。因而它代表着机检系统发展的新阶段。但这并不意味着对脱机检索系统的取代。事实上，有许多情报需求更宜于采用脱机检索系统。

（三）按信息服务的形式分类

国际联机检索系统一般提供下列 4 种信息服务：

（1）定期定题服务（SDI – Selective Disseminnation of Information）。

这种服务方式最早是由美国 IBM 公司的卢恩（H. Lunn）提出来的，这是一种在计算机存储文献数据库的基础上开展的脱机定题服务。它对用户的需求预先进行登记存档（定题），以后当新的文献存入数据库后，服务单位根据已定检索题目及时地定期检索新到文献检索，编成 SDI 题录或文摘交给用户。依照 SDI 题目拟定者的不同，又可以分为"标准 SDI"与"委托 SDI"两种。

这里所说的标准 SDI（Sdandard SDI）是 SDI 题目由服务单位根据本身文档情况和用户的需求拟定。用户可根据服务单位的 SDI 目录征订单选定自己所需的 SDI 题目，服务部门定期向用户提供 SDI 情报，费用在每年预定时支付。

而委托 SDI（Personal SDI）为：在 SDI 目录征订单上，如果没有所需的题目时，用户向服务部门提出自己所需要的题目，要求定期提供新到的相关文献。这种服务方式对用户来说比较适用，费用比标准 SDI 要高些。

（2）追溯检索服务（RS – Retrospective Searching）。

这种服务是回溯查找过去年代的全部文献，有的需要查找几年或几十年来的文献。如申请专利时需要证实该专利的新颖性和独创性。从事新课题研究或编写教材等都需要详细系统地掌握已发表过的文献资料。这种服务一般由脱机系统完成。

（3）随机问题服务（Q – R）。

这是由用户直接利用终端进行的一种检索。机检系统即时提供所需的二次文献，或由数值型数据库、事实型数据库等提供各种科学数据和事实数据。此种服务由联机检索系统完成。

（4）联机定购服务（No – Line Odering）。

这种服务是指通过联机检索得到二次文献，再由二次文献提供一次文献的获取线索，要求联机订购原始文献的复印件或原文的缩微载体等，对未通过联机检索得到的文献线索，也可委托终端服务。

三、机检原理与准备

机检的原理与手工检索的原理大体相同。对于计算机来说，一方面将存储在外存设备上的信息，即存储信息通过磁带机、磁盘驱动器等传送到存储器；另一方面将布尔检索式表达的情报需求，即提问信息也传送到存储器。中央处理机在检索程序的控制下进行非数值运算，即提问信息与存储信息进行高速匹配。如果相同，则表示提问被满足，并在 CRT 上显示结果或输出打印；如果不同，则表示提问不满足，此时用户可修改提问，重新比较，直到满意为止。

应用计算机进行信息、情报检索，其关键之处在于怎样使用准确、合理、简洁的机器语言，只有让计算机"听懂"用户的话，才能达到理想的检索效果。进行国际联机信息、情报检索，一般包括下列4个准备工作：

（1）确定信息情报需求，填写提问单。

确定信息情报需求就是填写国际联机检索提问单中所规定的内容，如检索课题的中文名称和英文译名，文献类型，文献语种，年限范围，打印格式，传递方式以及查找要求与课题说明等。

课题名称表达课题的主要内容，如果需要补充，需要查找要求于课题说明项内填写。

文献类型有期刊、会议录、政府出版物、图书、科研报告、专利和标准等。按需要填写，如果各种类型都需要，可以填写"不限"。

文献语种有英、俄、日、德、法等40余种，原始文献语种，一般数据库以英文文献为主，因此，一般填写为"英语"或"不限"。

年限范围是指要求查找哪些年份的文献，有的只查找最近几年的文献，有的需要追溯到数据库中最早的年份。

打印格式，DIALOG系统一般有八种，ESA系统一般有六种。对用户来说，主要区分带文摘和不带文摘两种。一般用户希望得到带文摘的脱机打印件，则在DIALOG系统中填写格式5，在ESA系统中填写格式4。

传递方式，对外地用户可用邮寄，对本地用户可以自取，也可以邮寄。这是指脱机打印件或联机打印件的传递方式。

在检索要求与课题说明项内，除说明课题内容和查找要求外，还希望填写查找文献量的最大限额，便于检索人员控制打印篇数。

（2）选择数据库中的文档。

用户可以通过多种途径了解数据库中文档的专业范围和特点，从而按课题内容选择数据库中的一个或几个文档。

DIALOG 和 ESA 系统都有本系统的数据库目录和内容简介。DIA-LOG 公司还出版各个数据库的使用说明和数据库主题指南。很多文献数据库具有书本式的检索工具，例如 COMPENDEX 文档对应与美国《工程索引》，INSPEC 文档对应于英国电气工程师学会的《物理学文摘》，通过书本式检索工具可以了解到数据库文档详细的专业范围以及配置的各种检索途径，特别是对检索词的正确选择。

对初步选定的文档没有把握时，还可以通过联机方式实验，即通过 DIALOG 系统的文档索引 DIALINDEX 试查或通过 ESA 系统的 QUESTINDEX 命令。

在选择数据库时还应注意数据库文档的类型。数据库一般分为文献型、数值型、事实型和全文型。如果查找二次文献，则选择文献型数据库。注意文献型数据库中还有专门查找图书、会议论文、博士学位论文、专利、标准等数据库。查找统计数据或数值型数据库，则选择数值型数据库，查找公司、协会、名人等事实性信息资料，则应选择事实型数据库。若查找全文数据，即一次文献，则选择全文数据库。这种类型的数据库，不论联机或脱机打印，都可以直接提供全文，例如，哈佛事务评述数据库、美国合众国际社新闻数据库等。

（3）根据所选数据库文档所配置的主题词表或英美文献中的习惯用词来选择检索词。

在查阅主题词表时，要考虑是否需要选用有关主题的广义词、狭义词和相关词。还应考虑选用同义词和英美的不同拼写法等来提高检索的查全率。

把所选择的检索词分成几个概念列在提问单中。一个主题词的相关词，同义词和英美的不同拼写法，可以列在同一概念中。

（4）编写布尔检索式。

这是检索前的最后准备工作。是正确表述信息情报检索课题，进行机检的依据和指令。

布尔检索式中需要采用布尔逻辑算符，位置逻辑算符，截词符，以及前、后缀代码等，并把检索词组配起来，才能得到一组检索式或称提问式。所以，首先应对这些算符、截词符、以及前、后缀代码的含义有一个大体的了解。

①布尔逻辑算符有逻辑"或"，逻辑"与"与逻辑"非"三种：

逻辑"或"：OR 或＋，如 A OR B 表示检索结果包含概念 A 或 B；

逻辑"与"：AND 或＊，如 A AND B 表示检索结果必须同时包括概念 A 和 B；

逻辑"非"：NOT 或—，如 A NOT B 表示检索结果只包含概念 A 而不包括概念 B。

②常用的位置逻辑符有（W），（nW），（S），（F），（L）或截词符（?）；

算符（W）表示前后两词的位置紧挨或有连词符，前后位置不能互换；

算符（nW）表示前后两词之间最多能有 n 个词，前后位置不能互换；

算符（S）表示前后两词出现在同一个句子中，两词在句子中的位置是任意的；

算符（F）表示前后两词出现在的同一个字段中，两词在字段中的位置是任意的；

算符（L）表示前后两词或词组出现在控制字段（或主题词或叙词字段）的同一个分组内，位置是任意的；

截词符（?）用来截断检索词，留下词干或不完全词。它放在词干的右边或中间任一位置，放在右边表示任意个可变字符，放在中间表示一个可变字符。如果规定词干后再多几个字符，则在词干右边加几个问号（即截词符），空一格，再加一个问号。

③前缀代码。

这是一种指定在各种辅助索引字段中进行非主题词途径检索所用的代码。例如：Dialog 系统所用的前缀代码有：AU＝作者，CS＝作者所在单位，DT＝文献类型，JN＝期刊名，LA＝语种，PY＝出版年份，PN＝专利号，RN＝报告号等。

④后缀代码。

这是在进行主题词途径检索时，指定在某一字段内进行检索的代码。例如，指定在题目字段内检索，用后缀代码/TI；指定在文摘字段内检索，用后缀码/AB；指定在叙词字段内检索，用后缀代码/DE；指定在自由词字段内检索，用后缀代码/ID；指定在的专利范围内检索，用后代码/PA 等。

例如，有一个检索课题名称为"用于电力系统的自适应控制器"，其英文名称为"Self‒adjusting for Power System"，则可以编写下面的布尔检索式：

Self（IW）Adjusting/ti，de，id AND Control ??? OR‒Reglator? OR Actutor? OR Control（W）（Device）AND Power System

◇ ◇ ◇ 第六章

国际联机的信息情报检索系统概述

国际联机的信息情报检索系统这是卫星通讯技术、计算机技术和数据库技术等飞速发展并互相结合应用的产物。作为计算机信息情报检索系统发展的成熟与商用阶段，自 1973 年以来，国际通用的大型联机检索系统已经有 100 多个。目前，全世界有几千个和国际联机检索终端，通过 100 多个较大的联机检索系统查阅 1 000 多个不同的数据库。联机检索系统的发展，促进了世界科技和经济的进步，同时也为全球的信息高速公路计划打下了坚实的基础。通过 Internet 网络，可以检索到大多数国际联机数据库，这些数据库被称做商用数据库，按时间收费。

联机检索的费用一般包括 3 个部分：

（1）是数据库使用费，又叫版权费，检索 1 h 时间要 70 美元左右。

（2）是数字卫星通讯费。

（3）是国内微波中继通讯费。

检索一个课题，少的需要 3 ~ 5 min，多的为 10 ~ 20 min，平均按 15 min 计算，需要至少约 300 元人民币。

联机检索的服务时间一般是 22 h。

那么，究竟什么叫国际联机检索呢？

国际联机检索就是利用计算机和人造通讯卫星，通过某一个联机检索系统进行远距离的人机对话，查找该系统中存储的各个文档的文献资料（一般是二文献）的过程。国际联机检索在联机方式上类似于 Internet 网上的 Telnet（远程文件传输）功能，即不管你的计算机有多么强大，都只能模拟为远程计算机（它们通常是大型或巨型计算机）的终端进行检索。

第一节　大型国际联机系统简介

现在，世界上有大约 200 个联机系统。其中比较著名的是下述的四大检索系统：它们是：

DIALOG 系统；

ORBT 系统；

ESA—IRS 系统；

MEDLINE 系统。

这 4 个系统中有 3 个是美国建立的。

此外，比较有名的系统还有：

JICST 系统，这是日本建立的。

STN 系统，这是美国与日本德国共同开发建立的。

我国目前使用的系统主要是前三个系统和 STN 系统。

下面对有关的 4 个主要系统作如下介绍：

一、DIALOG 系统介绍

DIALOG 一词的意思就是"对话"，DIALOG 系统目前是世界上最大的联机检索系统，它始建于 1963 年，原来是美国洛克希德导弹与空间公司（Lockheed Missles and Space Co.）所属的情报科学实验室，后来因为研制名为"DIALOG"的人机对话检索软件的而得名，成为该公司 24 个子公司之一，其总部设在美国加州的帕洛尔托市（Palo Alto）。1988 年 10 月，该系统被美国 Knight—Ribber 新闻集团公司出资 3.5 亿美元所购并。

1966 年，DIALOG 系统与美国国家宇航局（NASA）的研究实验室图书馆合作，通过一条电话线路，使用一台终端，直接检索 NASA 数据库中的文献，当时该库存储 20 多万篇文献。随着计算机软件、硬件技术的开发与使用，特别是和国际通讯网络的开发与利用，DIA-LOG 系统从 1972 年开始成为世界性的国际联机检索系统。该系统的联机检索终端 1967 年为 23 个，1976 年为 200 个，1981 年为 1 500 个，遍布全球 700 多个国家和地区，200 多个城市。在美国和其他国家的许多工商企业，科研机构，情报中心，大型图书馆，高等院校等，甚至学者和教授的办公室或家中都设有终端，一旦需要，就如同打电话一样，方便地进行联机检索。

DIALOG 系统文献数据库有 385 个文档，文献量为一点六亿条，约占世界机读文献总量的50%以上。信息来源于 40 多种语言出版的第 60 000 多种期刊以及各种会议录、科研报告、学位论文、图书、专著、政府出版物、专利、标准、财政报告、报纸、工商名录、统计资料和经济预测报告等。报道的学科专业范围很广，包括自然科学、工业技术、社会科学、商业、医学、法律、时事、文学、艺术、语言和哲学等。

DIALOG 系统用两台大型机（IBM3302 和 3303）分别与卫星系统 TYMENT 和 TELENET 相连接，此外用上百台磁盘机作存储设备，用 3 台 XEROX 高速打印机，每天三次为用户脱机打印检索出来的文献。近年来，为了扩大用户 DIALOG 系统还连入了其他一些网络，并且也联了网。

DIALOG 系统在世界各地区的联机分时工作日通常是 22 h，服务方式包括联机追溯检索，联机定题检索，联机订购原文，非公开文档服务，用户服务和咨询服务等。

二、ORBIT 系统和 BRS 系统

美国系统发展公司（System Devolpment Company 简称SDC）开发的 ORBIT 系统仅次于 DIALOG 国际联机系统。其名称 ORBIT 是 ON-LINE Retrival of Bibliographic Information Timeshard（文献目信息的联机分时检索系统）的缩写。它拥有约 120 个文档，0. 6 亿篇文献，占世界文献总量的25%，每月更新 200 000 篇。存储范围中大约有 20 个文档与 DIALOG 系统相重。但文献特点是在化工、石油、生物化学、环境科学、安全科学等方面有所侧重。它提供 24 h 的全世界范

围内的全时服务。

ORBIT 在 1987 年脱离了 SDC 公司，与 INFOLINE 合并后，与 R 银色 BS 系统同属于 Pergamon 公司下属的 Maywell 公司。ORBIT 的总部在弗吉尼亚，BRS 总部设在纽约的 Latham。

三、ESA—IRS 系统

欧洲空间组织情报检索中心（Europen Space Agency—Information Retrieval Service）的 ESA—IRS 系统是欧洲最大的情报检索系统，也是世界第三大国际联机检索系统。当前拥有 90 多个数据库（120 个文档），存储文献达 0.5 亿篇。1973 年后的总部在罗马附近的弗拉斯卡蒂镇（Frascati），拥有 2 台 SIMENS—7865II 大型计算机，通过 ES-ANET，TYMENT，EURONET，EURONET 等公用通信网与世界各地联机。

四、STN 系统

STN 是国际科技情报网络系统（The Scientific and Technical information Netware－－International）的简称，它由德国、美国和日本共同开发。STN 系统虽然起步较晚，但却是首次由几个发达国家共同建设的网络。目前，该系统有 3 个服务中心：欧洲德国的 Karlsrube（卡尔斯鲁厄），北美的哥伦布化学文摘社（CAS），东京的日本国际化学情报协会。这 3 个服务中心的主机通过卫星线路互连，其中有两条通信线路。STN 有 80 多个文档，0.6 亿篇文献，每天对全世界 24 h 服务。

第二节 国际联机检索系统的原理，
联机数据库的类型和结构

一、国际联机检索系统的原理

原则上说，只要有一个电话机和一台计算机终端，就能覆盖所有的国际联机数据库。

终端或微机（一般都使用微机并模拟为终端）经过一个调制解调器（modem）与电话线连接，从而对大型计算机进行远程存取。电话机可以直接与美国的数据库总部相连，但更常见的情况是与当地通讯网上的节点计算机相连，主机是典型的大型分时系统，可以使几百个、上千个终端同时进行存取。用户在终端键入命令，传递给计算机，计算机一步步地响应，展开检索，直到检索员认为满意为止。如果检出的文献量太大，用联机打印费用太高，就可以用脱机打印，然后邮寄给用户。联机检索的人机对话是主要的特点，这个特点使早期的批量处理方式悄然告退。

国际通讯网络大多采用报文分组交换技术。这种技术通过网络把信息分成一个个短的定长的包（或组），每个包都含有最终的目标地址，每个包都单独传送。这样，大量的信息可以合用一条线路。通讯网中最著名的是 TYMNET 和 TELENET，它们是北美网络，有 300 多个节点，并在欧洲和亚洲也有节点。在欧洲，主要有 EURONET 广域网，它包括 Esanet，ESA – IRS，Blaise，Infoline 等网络。

二、联机数据库的类型和结构

国际联机检索系统除了大型计算机系统、通讯网、检索终端、调制解调器这些硬件之外，还有情报检索系统软件和联机数据库。联机数据库机读型的检索工具。根据文献数据库性质把数据库分为两种不同类型：文献数据库和数值型数据库。

文献数据库存储文献型数据，存储一次文献的叫做全文数据库（Full textdatabase），它提供对文献的全文和其中的某些段落、字句的检索，用户不需要再查找原始文献。著名的全文数据库有如哈佛商业评论（Harvard Business Review/online），美国 Mead 数据公司的法律文献与案例（LEXIS），新闻全文数据库（NEXIS）等。只存储二次文献（文摘、题录、目录、索引）的数据库称为书目数据库（Biblio – graphicatabase），这是最常用的一大类。它主要来源于书本式的检索工具。

数值型数据库用来存储事实、数值、概念等非文献数据。例如事实数据库（包括指南数据库、产品数据库、资源信息库、如美国的协会百科全书数据库），概念数据库（存储名词术语或语言资料、例如词典数据库、语料库等），数值数据库（存储科研实验数据、管理统计数据、商品价格等），图像数据库（如人事照片、指纹、卫星云图等）。

书目数据库等通常由若干文档构成，其中主文档是主体，它记录着二次文献的全部信息。而构成主文档的基本单元是记录（record），一个记录相当于书本式工具中的一条文摘或题录。一个记录又由若干字段（field）构成，是记录的基本数据单位，有时他们也被称做"属性"（attribute），意思是对一个记录主体各方面性质的描述。字段相当于文献或题目中的著录项。

主文档中的全部内容都是按记录顺序排列的，因此它又被叫做是顺排文档或线性文档。主文档的数据无论是存储或是输入输出都是以块做单位的，正如报文分组技术中信息在网上的传输是分组、分包进行一样。主文档索引就是这样的块索引。如同手工检索工具的各种索引一样，在主文档的基础上可以建立各种倒排文档，如主题词倒排文档，著者倒排文档等。

所谓"倒排"，是指在倒排文档中的记录存放形式是"倒"的，即文摘号在后，而主题词在前。假设有三份文献，它们的文献号和主题词分别如下：

001 A B	A 001，002
002 A B C	B 001，002，003
003 B C	C 002，003

该图为顺排文档的结构　　该图为倒排文档的结构

一个检索文档的倒排总是及时备好的，因此机检时，计算机的主要工作就是查表，例如用户查找关于 A AND B 的文献时，机器立即取出它们各自的命中文献号，在对这两个集合进行 AND 的布尔运算，得到命中文献号的集合，最后显示出来。

第三节　国际联机系统的信息检索

国际联机系统的信息检索中，各系统的检索方法基本上大同小异，为此，这里我们仅以 DIALOG 系统为例向读者介绍一下国际联机系统信息检索的基本步骤和方法。

一、联机检索的基本步骤和方法

（1）明确情报需求，分析检索课题。

明确情报需求是指：是为了申请专利，还是想了解课题的最新进展，或仅仅是一个立题前的试查；文献的语种、查阅的年限、文献的类型、以及输出打印哪些著录项目等。分析检索课题是指：明确检索课题主要涉及的学科范围，明确主题概念以及它们之间的关系等。

（2）选择检索系统及数据库。

这一步需要确定选择哪种检索系统，然后，确定使用哪一个数据库。如，DIALOG 系统中大部分是二次文献的书目型数据库（注意这里的"书目"并非专指图书书目），还有一些数值型数据库，以及介绍公司、团体的辞典型数据库和存储一次文献的全文记录数据库。可查 DIALOG 系统印发的数据库主题快速索引（FINEL YOUR DATA-BASE FAST），该手册详细列出了数据库来源，主题范围和存储年限等信息。

DIALOG 系统还建立了一个联机的索引文档数据库，叫做 DI-ALINDEX，即通常所说的"411 文档"。用户可用检索词或逻辑式在这个文档中查阅可能命中的文献数量（多少篇），以此验证所用检索词或逻辑式是否合理，以便选取最有效的检索策略和最合适的数据库。411 文档的机时费很低，大约只有一般的确 1/3。

（3）确定检索途径及选定检索词。

这一步是对前两步的"小结"。用户应与机检人员认真商讨，以便得到较好的检索结果。在开始以前，机检人员会与您共同商定运用哪种检索途径，然后确定几个不同的检索词，以便取得最佳检索效果。

（4）编制切题的检索式。

（5）上机检索。

（6）输出检索结果。

二、DIALOG 系统的检索指令

在检索中只能通过一些常用指令进行国际联机检索，因此，应事先熟悉这些指令，常用指令和全文检索的逻辑符号。

（一）基本指令

（1）BEGINn（或 Bn）—调用文档指令。n 表示文档编号。打开文档后即开始计费。

（2）FILEn—换用文档指令。切换到另一个文档检索，原步骤和逻辑式均保留。SELECT（或 S）—基本选词指令，用来输入检索词，检索词可以是基本索引中的主题词或篇名中的实义词（有实质意义的词）、也可是辅助索引（如著者索引）中的代码和人名机构等，S指令也能输入检索式，即包含逻辑算符和括号。

（3）SELECT STEPS（或 SS）—步进选词指令。

其功能同 S，不同的是将对每一个检索词留给一个检索组号（如SET1）。

（4）COMBINE（或 C）—逻辑组配指令。用逻辑算符组配一些检索词或已有的检索组号。

（5）TYPE（或 T）—联机打印指令。直接在终端上打印命中的文献记录。这种输出方式价格昂贵，因为一般打字机速度慢，（如LQ—1600K 在草稿方式下打印速度仅为 220CPS），而打印时的计费状态同检索时是一样的。

（6）PRINT（或 P）—脱机打印纸指令。系统先将这个指令要求的打印格式存入主机，然后用高速打印机打印并邮寄给用户。

（7）LOGOFF—关机指令。检索完毕，立即输入此指令，系统也就立即自动"结账"了。

（二）常用指令

（1）EXPAND（或E）—扩展指令。这个指令可在指定的文档中联机显示基本索引和辅助索引，便于选用合适的检索词。其中基本索引指主题性质索引，它表明文献的内容特征，由文献记录的篇名、文摘、叙词和标引用的自由词等字段中抽词（但A，AN，BY，FOR，FROM，OF，THE，TO，WITH这九个虚词不被抽出），其中只有叙词是来自规范化词表。辅助索引包括其他的所有可检索字段，它们是非主题性质的，只表明文献记录的外部特征。

（2）截词符"?"截词（TRUNCATION）符号"?"相当于DOS文件名通配符，可以代表检索词中的不定部分。例如：

? FIB?? BOARD 可能查出 FIBERBOARD（美式英语）和 FIBRE-BOARD（英式英语）；

? COMPUTER?? 可能查出含有 COMPUTER 或 COMPUTERS 的全部文献（结尾为0~1个字符）；

? ALLOY??? 这个词尾的三个问号表示此处可出现0~3个字母：ALLOY，ALLOYED，ALLOYAGE，ALLOYING 等，这种用法是限制词尾的字符个数；

? COMPUTER? 则可查出 COMPUTTING，COMPUTER，COMPU-TATION 等众多同根词汇的文献，这种用法叫简单截断。

（3）后缀限定检索。例如：

? S MOCROWAVE/T1 表示只在篇名中查找有关微波的文章；

? S ALUMINIUM/DE 只在叙词字段中查找；

? S ALUMINIUM/DE、TI 只在叙词和篇名字段查找。

（4）前缀代码检索。例如：

AU = SMITH. J. C 查找作者为 SMITH. J. C 的文章。

（5）指令的叠加使用：DIALOG 系统允许将几种指令叠加到一行中使用，每个指令用分号隔开，一次输入，在检索时自动显示每个指令的结果。

（三）全文检索的逻辑算符

DIALOG 系统具有全文检索功能。什么叫全文检索？它是指在二次文献中的所有字段中进行检索，并且使用自然语言。

（1）（W）—WITH，表示两个词之间只能为一空格或标点符号，且前后不能互换。

（2）（NW）—N WORDS，表示两个词之间可以插入 0 ~ N 个词，例如：? SWEAR（LW）MATERIALS

可表示 WEAR OF MATERIALS 等。

（3）（F）—FIELD 表示两个词必须在同一个字段中的检索，两词顺序可以调换，例如：? SS ENVIRONMENT?（F）IMPACT/AB

表示在文摘字段中按任意词序查找含有这两个词的文献。例如可能查找 IMPACT ON THE ENVIRONMENT 或 ENVIRONMENT IMPACT 等文献。

（4）（C）—COMBINE，表示两个词在同一篇文章的全文记录中查找，该两词只要满足在同一篇文章中这个条件就能命中。

（5）（L）—LINK，限定在主题字段中查找。

（6）（S）—SENTENCE，用于同一字段的同一句子或片语中查找。

三、检索实例

实例一，输油泵机组监测与控制

该课题要求重点检索油田输油泵机组（用电力传动的油泵，管理及阀门等）的控制系统，监控对象是温度、压力、流量、电压、电流、阀门开度等。

当进入 DIALOG 系统后，系统自动接通 411 号文档，得到扫描结果如下：

DIALINDEX（TM）

（CPIT · DIALOG · INFOR · SER · INC）

8：COMPENDEXPLUS—1970—1992/JAN

	109245	LIQUID
4623	4623	SCINTILLA？
579	579	LIQUID（W）SCINTILLA？
1591	1591	KEROS？NE
	57886	COAL
	79818	OIL
954	954	COAL（W）OIL
	37074	PETROLEUM

7　LSOPB

71　LSP

3　（LIQUID）（SCINTILLA）AND

（KEROS？NE ＋COALC）OIL ＋

PETIROLEUM ＋ISPLSP

"411 文档"收费较低，而且能自动扫描各个数据库。如此例就在 2 号文档（INSPEC269—92/9202W2）中找到 2 篇，在 8 号文档（工程索引）中找到了 3 篇，在 350 号和 351 号文档（WPI）中为 0 篇。这样就不必去检索 WIP，避免机时费无限膨胀。

此例中的 69—92 是指文献存储的年限，920W2 是指 2 月第二周（WEEK）。

输出结果时如果采用第一种打印格式，只打印文摘号的话，即能立即得到结果，又能节约费用，只是需要根据文摘号转查印刷型的 SA。例如，C91060004 这个文摘号就应查 CCA 91 年 6 月第四号文摘。此例是预先编辑好检索式并输入到计算机中，检索中一次载入，一次处理，减少人机对话过程。这样能大大节省机时，但是含有一定风险。如果一次处理的结果是 0 篇或是上百篇都应该认为是失败。无论什么课题，最后的检索结果均应保持在几篇到几十篇为宜。

DIALOG 系统的打印可如下表中的一些格式：

FORMAT CONTENT	NOTES
1. ACCESSION NUMBER ONIY	只打印文摘号
2. FULL RECORD EXCEPT ABSTRACT	除文摘外的据全部记录
3. BIBLOGRAPHIC CITATION	打印题录（不含标识词）
4. TITLE AND ABSTRACT	打印篇名和文摘
5. FULL RECORD	全纪录打印
6. TITLE ONLY	只打印篇名和文摘号
7. BIOBLOGRAPHIC CITATION AND ABSTRAC	打印题录和文摘
8. TITLE AND INDEXING	打印篇名和标引词

注：怎样才能读懂打印出的文摘呢？

只要记住 AN 是文摘号，AB 是文摘等，就不难读懂了！

◇ ◇ ◇ 第七章

光盘信息检索系统

　　光盘技术也是多媒体技术的核心，因为光盘技术是计算机技术和高密度存储技术、激光技术、唱片技术和精密机械技术的集成，也是多媒体技术的核心。纸质型的文献载体曾经开创了人类的文明；计算机的磁性载体引发了信息处理的二次革命；而高密度的光盘存储技术无疑是信息载体的第三次革命。

　　20 世纪 70 年代初期，荷兰菲利浦公司首先研制成功激光唱片，这导致了光盘的诞生；菲利浦公司 1978 年又研制出了激光影像播放机。1980 年菲利浦和索尼公司又推出了数字式声盘即 CD—A，1983 年日本率先研制成了 CD－ROM 驱动器。当前，世界上大约有 100 多家公司正在开展光盘的研制和生产，主要有美国 RCA、北美菲利浦、

MAGNAVOX、XEROX、IBM、荷兰菲利浦、日本的松下、东芝、日立和先锋等公司。所以，对于这一最新科技成果的情况我们必须加以介绍。

第一节　光盘有关技术及光盘检索系统的安装

一、光盘有关技术

（一）光盘的特点

（1）光盘的存储密度高，容量大，一张光盘的一盘容量可达 650 MB。

（2）光盘的存取速度快。软盘的存取速度为秒级，而硬盘的存取速度为 5～12 ms（毫秒），光盘的存取速度则为 0.35 s。

（3）光盘信息保存时间长。由于光盘是采用激光束进行非接触性的信息存取，所以，它不仅可以快速地随机存取，而且，没有光盘的磨损问题，因而其使用寿命可以长达 10 年。废弃的原因多是因为数据陈旧而非光盘本身损坏。

（4）光盘成本低廉，便于复制。由于采用唱片的生产技术，因此，可以把录有信息的光盘制做成凸凹模板的母盘，就象压制唱片一样复制大量的塑料基的光盘，成本与普通唱片相近。

（5）易学易用。由于只读的缘故，光盘一般都是自成系统的，并且通常自带软件系统和必要的工具，帮助系统也比较完善，因此检索和操作都十分便捷，而且又没有国际联机检索那样的紧张压力。因为用户在进行联机检索时，必须尽可能地减少操作时间以便以节约机时费用，对操作人员来说，这无疑就提出了更高的要求。例如，检索词中如果键入了一个错误字母，则后果就可能十分严重。而光盘检索则完全可以在比较轻松自如的状态下进行。

当然，光盘也有它的缺点，如数据更新周期较长，一张光盘的重复利用率还比较低。从光盘技术的发展速度来看，这些问题正在得到解决，例如，现在可读可写光盘已经研制成功了。

（二）光盘的种类

光盘是通过激光这种光学手段的方式来读取和存入记录信息的，目前可供多媒体使用的光盘主要有 3 大类：即只读型、一次写入型和可重写型光盘。

（1）只读型光盘——CD-ROM。

目前，这类光盘种类多，数量大，是最为广泛、活跃的一大类。

①录像光盘（VD：VIDEO DISC）

该类光盘有直径为 12″，存储模拟的视、声频信号，使用激光放像机播放。录像光盘是在与录相带和录像磁盘的竞争中产生的。其主要优点是易于复制，激光放像机比录像机便宜，而且图像质量好于录像带，缺点是节目固定（只读）。

②激光唱片（CD：COMPACT 段 DISC）

其直径为 4.75″，存储数字音频，既可使用专门的激光唱机，也可以用计算机的 CD-ROM 驱动器播放。CD 是与唱片争夺市场的产物。1983 年，飞利浦公司为 CD 设计了数字记录技术标准格式，并与索尼公司一起共同制定了校验系统标准，这就是所谓的"红皮书"（激光唱片制作标准）。

③只读式光盘（CD-ROM：COMPACT DISS-READ ONLY

MEMORY）

该光盘直径为 4.75″，存储数字化数据，容量为 650 MB，使 CD－ROM 驱动器播放，在 CD 产生两年之后，飞利浦公司推出了 CD－ROM 黄皮书标准（CD－ROM 制作标准），以适应数据处理的需要。CD－ROM 与 CD 在许多方面相似的，如母盘制作与复制，尺寸大小，材料及转速等。驱动器都使用调节系统和校正系统，但 CD－ROM 要求更高级的校错系统。黄皮书把 CD－ROM 数据按 2 KB 一块作为物理存储，一个光盘分 60 min，每分 60 s，每秒 75 个点。因此，一张 CD－ROM（I）型盘的存储能力为 552.96 MB。2 KB 的块（或叫区段）实际含 98 个 CD 格，每格为 24 个字节，一个区段容量为 2 352 个数据字节，其中 204 个固定为用户数据，剩下的 304 个字节为驱动器和其他纠错系统使用。具体分配的字节数为：同步：12，头标：4，其他 288 个字节。CD－ROM（II）型存储量为 630 MB。目前大多数 CD－ROM 驱动器都支持音频—数字，即既可放唱片又能做检索，如果插上电影卡还可以观看小型电影。

文件管理系统是光盘系统的重要组成部分，包括计算机运行的应用软件和控制光驱的设备驱动程序。

CD－ROM 光盘对印刷和出版行业及图书情报域产生了极其重大的影响，小小的 CD 唱片技术，不单在音响领域中扮演了革命先锋的脚色，而且还引发了一场计算机革命。CD－ROM 光盘的应用主要有如下几个方面：

第一方面：图书情报资料的检索；

第二方面：存储百科全书和大型数据手册；

第三方面：大量存储通用软件；

第四方面：后备大型系统的数据库；

第五方面：作为电子出版物，代替现有的纸质印刷品；

第六方面：大型的电子游戏和家庭影视。

④交互式光盘（CD－I：INTERACTIVE）CD－ROM 问世后的 1986 年，菲利浦和索尼公司公布了 CD－I 计划，包括一套"绿皮书"（交互式光盘系统）。这种光盘主要用于家庭和娱乐，因此要求 CD－I 驱动器也能播放 CD 唱片，CD－I 驱动器可以不接微机，而用电视机。CD－I 没有成为一个国际标准，现在仅荷兰等国家使用，并且菲利浦公司本身也开始大规模生产 VCD 了。

⑤数字录像光盘（CD－V：VIDEO）。

这是 1987 年出现在芝加哥的产品，其值径为 4.72″，盘上有 65 min 的模拟录像和数字音频以及 20 min 的激光唱片。同时出现的还有一种 CD－I（交互式录像光盘），这是一种集成的录像和图像技术，它可以使用现有的 CD－ROM 驱动器。

⑥激光视盘（LD：LASER DISK）。

LD 俗称影碟或"镭射"，使用专门的播放机。LD 一般有两种规格，一种直径为 30 cm，另一种为 20 cm。LD 采用模拟方式记录视频信号，用模拟和数字码方式记录声音信号。其记录格式有：CLV（恒线速）方式和 CAV（恒角速）方式两种。30 cm 的 LD 用 CLV 方式，，双面可记录最多 120 min 的图像和伴音节目，如果用 CAV 方式，双面只能记录 60 min 的节目。20 cm 的 LD 也有单、双面两种，每一面可记录 14 min（CAV）或 20 min 的节目。

⑦小激光视盘（VCD：VIDEO CD）。

VCD 俗称"小影碟"，大小同 CD 片。VCD 的图像质量不如 LD，但比 VHS 录像带好，伴音质量也不如 LD，但也相当好，与 CD 不相上下。VCD 的卡拉 OK 片的放音质量也比 LD 的差一些。

1995 年，我国出现了 VCD 热，几乎所有的音响生产企业都在开发生产相关产品，电子工业部也把 VCD 列为 95 计划重点之一。由于其价格适中及节目的丰富，VCD 普及的很快。VCD 片存储 74 分钟的音像，因此，一部故事片需要两张 VCD 片子，（现在压缩机技术又进一步发展，一部故事片有一张 VCD 片就可以了，而且，现在，一张 VCD 片可以装数个电影片子也已成为了现实。）而卡拉 OK 片通常是一张 VCD 片子。VCD 片可以用 VCD 播放机演播，也可以通过 MPEG－1 标准相适应的解压卡（或叫电影卡、影碟卡）用计算机的 CD－ROM 驱动器播演。

⑧数字激光视盘（DVD：DIGITAL VIDEO DISC）。

DVD 是一反种比 VCD 更新更先进的数字视盘，其功能超越 LD 录像带和 VCD。一张 DVD 片储存 135 min 以上的活动音象内容，比 VCD 高出 1 倍。它具有以下特征：

其一：与现行的 CD，VCD 有着同样的尺寸外形；

其二：使用波长更短的激光；

其三：图像压缩采用 MPEG－2 标准。

DVD 的实施方案有两种：一种是有 SONY、菲利浦称为多媒体的 MM－CD；另一种是松下、东芝的超密盘（SD）。两种方式的 DVD 都有极大的容量，前者有 3.7 GB/单面的容量，后者有 5 GB/单面，因此，DVD 又叫做高密度激光视盘。1995 年 10 月，以索尼和东芝为代表的两大厂商阵营就 DVD 的制式达成了统一协议。但是 DVD 盘片的售价还比较高，DVD 代表了下一代多媒体载体的方向，现代也已获得了广泛的应用。

（2）一次写入型光盘（worm）。

所谓一次写入，就是使用户可以在空的光盘上写入信息，但是，一旦写成之后，就不能再重写。目前这类光盘有 WORM 和 CD - WORM 两种。

WORM（WRITE ONE READ MANG）是 20 世纪 80 年代初期开发的一种光盘技术，它可供用户把数字一次性记录在光盘上。常见的尺寸是 5.25″和 12″两种，保储能力为 1 ~ 2 GB。WORM 光盘主要用于存储重要的敏感的数据，为它们进行备份保存。由于多媒体技术大量用于教学，因此，WORM 盘将不仅仅是一些重要数据的包装，而且会成为各种 CAI 系统的理想载体。

CD - WORM 是最新发展的技术，它允许用户把数据记录到 CD - ROM 盘上。其特点是可以读取预先录制在 CD - ROM 盘上的信息，并把它们记录到 CD - ROM 空盘上。使用这种方法，用户能预先观看 DV—I，CD - ROM 资料，然后将自己开发的节目录制到光盘的其他部位。尽管如此，它仍然是只读的。盘的大小和存储能力同 CD - ROM。

（3）可重写光盘（REWRITABLE 或 ERASABLE）。

可重写光盘给全数字化媒体存储带给来了令人鼓舞的进步。它允许用户在光盘上记录、擦除、重新记录数字信息。这是一种最新的光盘，它集中了硬、软盘的优点，而存储能力大大超过它们。这类光盘之中，当前通用的是磁光盘，更先进的则是 ETOM 盘。

商业化的磁光盘是 20 世纪 80 年代末出现的，它集中了磁存储和光存储技术的精华，是一种全功能的读/写/擦除型产品。目前，磁光盘有 3. 5″，5. 25″两种，存储容量分别为 128 MB 和 1 GB。目前，磁光盘产品缺乏直接覆盖重写能力，必须先将磁光盘上的信息擦除，然后才能重新写入数据，而不像磁盘那样，可以直接覆盖层重写。因此，人们也把它叫做慢操作系统。

针对磁光盘的这一缺点，人们正在研制的 ETOM（ELECTRON TRAPPING OPITICAL MEMORY）将是一种更为理想的光盘。它没有磁方面的因素，不需要磁头，它以光学、电子学为基础，拥有 3 个主要特点：

A. 一张 5. 25 寸的 ETOM 光盘可存储 14 GB 的信息，进一步发展可达 24 GB；

B. ETOM 光盘具有直接覆盖重写能力；

C. 存取时间和硬盘相同，由于其读写过程不用磁头，因此其寿命几乎无限。

光盘的发展是从模拟的视盘到全数字化的光盘，而到 21 世纪，更先进的信息存储技术，如三维立体存储（3D CUBE STORAGE）和全息技术（HOLOGRAMS）可以将存储密度提高到 6. 5 GB/MM3，检索速度比现在快 1 000 倍以上。

二、光盘驱动器介绍

CD – ROM 驱动器按转速分类有单速和倍速（又叫双速）。此外，还有 3 倍速、4 倍速和 8 倍速等，其中单速光驱已被淘汰了。

从其安装方式方面分类，CD – ROM 驱动器又可以分为内置式和外置式两种。外置式的比较贵，它有单独的电源，通过电缆与主机相连。

CD – ROM 驱动器的主要技术指标有平均存取时间，数据传输速率，缓冲区大小和接口标准等。

CD – ROM 光盘有多种形式，选择光驱时应注意是否能运行各种格式，即是否兼容大多数光盘的问题。如果所选的光驱符合 ISO9660 格式的话，就表明它也能读出原来用 HIGH SIERRA 格式制作的光盘。

三、CD – ROM 工作原理

CD – ROM 驱动器中只有一种读激光束，没有写入的功能。CD – ROM 盘径 4.75″，大多是用的塑料做片基（母盘用玻璃或有机玻璃）。核心层是铈合金磨膜，透明电介质层和铝反射层，外围包有隔热层和透明外罩。其中，铈合金膜是记录信息的介质，记录时，携带二进制信息的调制激光束被聚焦到铈膜上，烧出一系列小坑，即信息微痕，直径在 1 微米（0.44 微米）以下。这些信息微痕在盘上呈螺旋形的轨迹，紧密地线性排列，孔间距为 1 微米，当读取信息时，将未经调制的弱激光束聚焦在 CD – ROM 的信息轨道中，穿过微孔和电介质层，由铝反射层形成强反射，无孔处则为弱反射，这两种不同的状态分别代表二进制的"1"和"0"。光学系统接收反射后转换的电信号，最后经过解码浮现原纪录。

综上所述，可以看到：光盘作为新一代"海量"的信息存储载体其发展速度是十分惊人的，所取得的成就也是十分巨大的。

光盘的发展是从模拟信号到数字信号，数字信号的采样频率越来越高，因此信息的记录密度也就越来越高。光盘从一开始就大量应用于音像系统，即 AV 系统：AUDEO 和 VIDEO，将来也会仍然如此。

但是现在，光盘正在融入计算机和 AV 系统，这就使得计算机的系统工作方式大为改观。AV 也是从模拟发展为数字化的，发展的结果使得计算机也能处理历来由家电处理的巨大信息，这就是多媒体电脑（MPC）的由来。多媒体电脑正在成为普通家用电器族中的一员，而且是一个特别出色的成员。例如计算机的 CD - ROM 驱动器，价格不过 500 元左右，但是它可以使用 CD 唱片，尽管没有图像，（当然，也可以使用 WINDOWS 的屏幕保护画面或一边玩游戏，一边听歌曲）却能欣赏高档音质。也可以使用 VCD 盘片看电影或唱卡拉 OK。当然，以上都只能算是娱乐。

倘若你想做点事，那就需要 CD - ROM 盘了。CD - ROM 盘为你提供了一个广阔的世界，从使用计算机的软件到看百科全书，从文献资料的检索到学英语、玩游戏，几乎无所不包，这一切，只需要一个小小的 CD - ROM 驱动器。

计算机为什么能处理大量的音像信息呢？除了将信息数字化之外，还必须解决信息的压缩存储问题，这就是多媒体技术的标准化。这些标准有 5 个，其中最主要的是 MPEG（MOTION PICTURE EX-PERT GROUP），这是 1991 年在日本召开的多媒体标准化国际会议上关于动画和声音的一个专家组的名称。正是由于有了 MPEG 解压卡，计算机才能放映电影或播放音乐，也正是由于有基于 MPEG 标准的电视卡，计算机才能播放电视。同样也是基于这项技术，原有的 CD 唱机变成了既能用 CD 又能用 VCD 的机器，LD 也是一样，只需要一块 VCD 解压缩板即可。当前所用的 VCD 是基于 MPEG - 1 标准，只用的激光盘的单面，而新的标准是 MPEG - 2，它用于 DVD 制作，DVD 是双面存储的。

四、光盘检索系统的安装

如果读者在微机上安装过软驱的话，那么，CD－ROM 驱动器的安装也就解决了。因为这二者基本相同。首先打开微机主机箱，寻找一个空的插槽，并将 IDE 或 SCEI 接口卡插入槽中。如果是用声效卡，那么，也可以将光盘的数据插头连接到声效卡上。

（一）安装 CD－ROM 驱动器

内置的 CD－ROM 驱动器外形与 5 寸软驱一样，可以直接安装在计算机的驱动器架上。如果用声卡，则最好采用带有 CD－ROM 接口的声卡，否则须将硬盘接口上的电缆更换为双驱电缆（同一根扁平线，但有两个输出插口）并对光驱的微开关重新设置。

第一步：让机器与电源彻底断开；

第二步：打开主机，将 CD－ROM 驱动器固定；

第三步：连接 40 针的扁平电缆，一端接驱动器后面的数据接口，另一端接声卡上标有 CDin 的 4 针插座；

第四步：连接主机电源到 CD－ROM 驱动器上，检查无误合上机箱。

对于外置式的，把数据电缆连接到计算机的并行端口即可（即插上电源）。

（二）软件的设置

CD－ROM 的软件安装完成之后，需要安装它的驱动程序。一般的光驱等都有附带的驱动程序盘，用户可以运行其上的 INSTALL 或 SETUP 程序即可。无论在 DOS 下或 WINDOWS 下安装都可以。

第一步：将驱动程序拷入硬盘。

大多数驱动程序都有扩展名为 SYS 的文件以及一个微软公司的 MSCDEX．EXE（微软的 CD 扩展程序）。如果你的盘上没有 MSC-DEX 的扩展文件，可到 DOSG·2 系统盘上复制。

第二步：修改 DOS 的系统配置文件。

安装程序自动在 CONFIG．SYS 文件中加入一行；

DEVICE＝C：\ CDR582 \ CDR58201．SYS/D：MSCD001

其中/D 用于指定驱动器名，用户可任意给定。

第三步：修改 DOS 的自动批处理文件。

在 AUTOEXEC．BAT 文件中加上一行：

C：\ CDR582 \ MSCDEXG/D：MSCD001/M：10/L：F/V

其中/D 用于前述指定驱动器名，/L 用于指定盘符，用户可自由给定。

第四步：重新启动 DOS 系统，使前述更改有效，之后就能像使用软、硬盘那样使用光盘了。

（三）光盘的使用

CD－ROM 软、硬件均安装完了之后，访问它就像使用软、硬盘一样了。当然，它是只读的。CD ROM 之中的软件通常是压缩形式的，一般是以 DDI，IMG，ARG，ZIP 等为扩展名的"打包"文件。对于 DDI 文件，用 DISK DUPE 进行解包；对于 LMG 文件，用 HD－COPY 工具解包；对于 ARJ 文件，用 ARJ 工具解包；对于 ZIP 文件，则用 PKUNZIPZ 工具解包。

在使用光盘时应注意以下 4 点：

①安装拆卸机箱时，尽量先把 CD－ROM 的电源拔掉，以免引起激光头检索失误；

②CD－ROM 驱动器应尽量水平放置，机架要稳定，以免音响的低频振荡；

③CD－ROM 盘片不用时必须取出，如果盘片积尘太多，可用存净水冲洗并晾干，不能硬擦。

④使用光驱正面的轻触开关来弹出或装入盘片，就像使用录像机一样。有的光驱只能用手轻轻地把盘盒推入。

第二节　光盘系统的主要检索技术

一、中国学术期刊光盘版的信息检索

1996 年 12 月，由清华大学光盘国家工程中心与清华信息系统工程公司编辑出版的《中国学术期刊（光盘版)》（简称 CJA—CD）是我国第一个连续出版的大规模集成化、多功能的学术期刊全文检索系统。该光盘收录国内外、中英文核心期刊和专业期刊 3 500 余种，分为理工辑（A，B，C 三辑），农业辑，医药卫生辑，文史哲辑，经济政治与法律辑，教育社会科学综合辑等八个专辑。按月（文史哲为22 月）与印刷板同步出版发行。它的成功出版，有助于推动我国图书情报部门的文献服务工作，对图书馆的发展将产生深远的影响。

（一）该系统的安装

（1）硬件及软件要求。

中国学术期刊（光盘版）检索系统要求硬件配置不低于 386DX/33，4 MB 内存，100 MB 硬盘，VGA 显示器，倍速光驱，1 M，2 M或 4 M 软盘驱动器。操作系统为 MSDOS5.0 以上，中文WINDOWS3.2

或其他中文 WINDOWS 平台。

（2）系统加密卡的安装。

①关闭计算机电源；

②打开计算机机箱；

③从防静电袋中取出系统加密卡；

④将系统加密卡插到计算机主板的任一扩展槽中并且固定好；

⑤盖好计算机机箱。

（3）系统软件的安装。

①启动 WINDOWS 及其中文系统（注意本系统必须在 WINDOWS 下安装）；

②将安装盘（系统第一张）插入软盘驱动器中（此处假定为 A：）；

③在 WINDOWS 中打开"主群组"中的"文件管理器"，然后选中 A：驱动器；

④双击"SETUP．EXE"后进入系统安装程序；

⑤在"安装到："后面键入所要安装的目录，单击"确认"后开始安装；

⑥安装程序依次将系统安装到硬盘中，按提示依次将所有软盘内容安装完毕后，系统在 WINDOWS 中建立一个"中国学术期刊（光盘版）"程序组，其中包括"光盘检索"。

安装过程中可随时单击"取消"安装程序。

（二）光盘检索系统的使用

（1）系统的启动与退出。

①系统的启动。

　　当完成了系统安装并启动中文 WINDOWS 平台后，在"中国学术期刊（光盘版）"程序组中双击"光盘检索"或其图标，即可进入系统主菜单进行相应的检索操作。

　　②系统的退出。

　　在系统中选择"文件"菜单中的退出或屏幕右上角按钮中的"关闭"，均可正常退出系统，其他方式退出系统后，均为非正常退出，有可能对系统造成损伤。

　　（2）期刊检索。

　　①整刊检索。

　　在"期刊检索"菜单中选择"整刊检索"即可进入本功能。

　　功能：分别按光盘期刊名称的汉语拼音顺序列出所有期刊名称，按文章页次列出所选中期刊的所有文章题目，可按期刊名称，ISSN 号和 CN 号查找期刊并浏览其文章题目。亮条所指即选中期刊和文献，这时可以以原版方式在屏幕上阅读全文（单击"显示原文"或双击文献标题），若单击"取消"则退回到系统主菜单。

　　②入编期刊简介。

　　在"期刊检索"菜单中选择"入编期刊简介"即可进入本功能。

　　功能：可以检索查看入编"中国学术期刊（光盘版）"的期刊简介，得到其所属部门，办刊宗旨，发行情况，读者对象，主编，通讯地址，刊号等有关资料。单击"中国学术期刊（光盘版）"部分入编期刊简介，即可查到有关入编期刊的目录列表，再单击期刊名即可查看该期刊简介。

　　（3）专项检索。

　　为提高检索效率，可在"专项检索"菜单下分别利用分类号、关键词、作者、机构、篇名、中英文摘要、引文和基金等项目进行快速的相关检索。

①分类检索。

在"专项检索"菜单项下选择"分类检索"即可进入本功能。

功能：依据"中国图书资料分类法"进行快速检索。分类检索相当于按中图法编制的一个期刊文章总目录，分类类别相当于栏目，这种检索方式可以使检索者对其所关心的内容一目了然。进入本菜单之后，系统列出的一级分类目录，然后双击所需条目，即可进入下一级菜单进行更为详细的查找，该目录前列有分类号。双击文献名即可显示全文。在分类检索的过程中，可以在主菜单中的"桌面"条目下选择"分类首"返回到分类检索的第一层菜单，或选择"上一层"返回到上一层菜单，或选择"分类号查找"直接进入到所要查找的分类层目录。

②关键词检索。

在"专项检索"菜单下选择"关键词检索"即可进入本功能。

功能：关键词是指在文献中由"关键词或主题词"标明的词，大部分科技文献的开头部分一般都给出与此文献主题相关的若干个关键词或主题词。关键词检索就是在这些被标明的词中进行检索。如果文献没有标明关键词或主题词，则该文件将无法由关键词检索检出，关键词检索可以使用逻辑关系。

举一个实例加以说明：

某篇文献给出的关键词包括："计算机网络"

输入：

"计算机＋网络"（检出关键词中含有"计算机"或"网络"的

所有文献）

或输入："计算机＊网络"（检出关键词中含有"计算机"和"网络"的所有文献）

按这两种方式输入均可查到该篇文献。

③作者检索（汉字名检索，拼音缩写检索）。

在"专项检索"菜单下选择"作者检索"即可进入此功能。本功能包括：汉字名检索和拼音缩写检索的两种方式，可根据需要选择。

功能：利用文献作者姓名检索其发表的文献。输入时可以输入姓名中的一个字或全名进行检索，也可以输入作者的姓名汉语拼音字母缩写进行检索。显然用作者的全名进行检索时所得到的结果最为准确，但该系统不区分同名作者。本功能还能用来统计某一作者发表的文献篇数。

④机构检索。

在"专项检索"菜单下选择"机构检索"就可以进入本功能。

功能：可以检索某个机构所发表的文献。输入该机构名称时可以用其全称或全称中的某一或某几部分，如果记不清该机构的全称时，可用全称部分字来检索，但是不能用简称。如果为多个机构共同发表的文献，从每个机构名称都可以检索到该文献。

⑤篇名检索。

在"专项检索"菜单下选择"篇名检索"就可以进入本功能。

功能：只在文献的标题或题目中进行检索，输入的检索字符串可以使用"与""或"关系，实现逻辑关系组配检索。

⑥摘要检索（中文、英文摘要检索）。

在"专项检索"菜单下选择"摘要检索"就可以进入本功能。

功能：可以分别在文献的中文和英文摘要中进行全文检索。具体检索方法可以参考"关键词检索和全文检索"，由于摘要中比"关键词"中含有更多的信息，因此利用的"摘要检索"比利用"关键词检索"得到的结果范围更广；同样，"全文检索"可以在最大范围内得到检索结果，但其查准率则低一些。

⑦引文检索。

在"专项检索"菜单下选择"引文检索"即可进入本功能。

功能："引文检索"即对文献中引用的参考文献的相关内容进行检索。可以对某个作者或机构已经公开发表的文献被其他文献引用的情况进行检索，也可以对某一篇指定的文献或期刊中的文献被其他文献引用的情况进行检索。在检索中，最好输入全称以提高检索成功率。

⑧基金检索。

在"专项检索"菜单下选择"基金检索"就可以进入本功能。

功能：在此功能中可以检索已发表文献所受到的各种基金财政资助情况。没有标明所受资助的情况的文献不能用此法查到。

（4）全文检索。

在系统主菜单下选择"全文检索"即进入本全文检索功能。在此菜单中可以对文献全文（包括篇名、作者、机构、关键词、中、英文摘要、正文参考文献、基金等全部内容）进行最为全面的检索。其中包括任意词检索，蕴含检索，关联检索和逐次检索四个子功能。

①任意词检索：可以根据需要输入希望检索的任意词或字，包括英文摘要内容在内。

②逐次检索。

功能：由于前一步骤是全文检索和专项检索，首次检索到的结果中可能包括的文献范围比较广泛，有些文献的相关性较低。为了进一步提高查准率，系统特别设计了"逐次检索"方案，即在上次检索的结果中进一步检索。

操作方法：当进行完"专项检索"或"全文检索"之后，在打开主菜单中的"全文检索"即可得到"逐次检索"条目。单击"逐次检索"即进入下面的窗口，在输入检索字串的同时，还可以选择"全文""篇名""摘要""应文摘要""作者""机构""关键词""引文""基金"等不同内容进行专项逐次检索。根据需要，逐次检索可以重复进行多次以达到最终目的。

（5）系统管理。

在系统主菜单下选择"系统管理"即进入此功能。在此功能中可以对系统进行工作路径的设定。注意，系统管理功能只能在系统主菜单下被调用，如果进入了原版显示状态，在主菜单中找不到"系统管理"条目。

设定工作路径

功能：工作路径是指光盘版期刊内容所在的路径，也即光盘上的期刊所在目录。在"系统管理"菜单下选择"设定工作路径"即可进入该窗口。这时系统给出原来设定的工作路径，如果发生了改变，再输入新的工作路径即可。若记不住确切的路径名，可以利用该窗口的"查找路径"功能在各个驱动器中寻找。

（6）桌面管理。

在主菜单中"桌面"条目下可找到各种有关桌面管理的功能。

桌面即当前正在进行的操作，因此，在不同的操作内容和状态下，"桌面"中有不同的条目可供选择。这里对所有可能的条目进行介绍：

①工具条：在主菜单中选择"桌面"中的工具条（显示/隐藏），当该条目前出现"/"时表示选中，否则为不选中。选中后，在系统主菜单下出现一个工具条，其中有不同的图标分别表示主菜单中的各项功能，用鼠标单击图标即可实现主菜单中相应功能，其对应关系见下图：

F	全文检索		
Ea	英文摘要检索	$	基金检索
Ca	中文摘要检索	A	作者检索
T	篇名检索	K	关键词检索
D	机构检索	R	引文检索

②状态行：在主菜单中选择"桌面"中的"状态行"（显示/隐藏），当该条目前出现"/"时表示选中，否则为不选中。选中后，在系统屏幕底部出现一个状态行，分别给出当前选择条目的主功能提示。原版显示时则给出当前页码和总页数。

③字体放大：当系统处于原版显示时，在主菜单的"桌面"中每选择一次"字体放大"（单击"字体放大"）则显示比例放大 1～3 倍，通过按键盘上的"＋"键一次可以实现相应的功能。请注意选择合适的显示比例，字体放大倍数太大时可能在屏幕上一次观看不到一个整页。

④字体缩小：当系统处于原版显示状态时，在主菜单桌面中选则

一次"字体缩小"(单击"字体缩小")则显示比例缩小 1~3 倍，通过按键上的"—"键一次也可以实现相应功能。

⑤显示比例：当系统处于原版显示状态时，在主菜单的"桌面"中选择"显示比例"(单击"显示比例")后，可输入数字进行所要求比例的页面显示。

⑥下一页：当系统处于原版显示状态时，在主菜单的"桌面"中选择一次"下一页"(单击"下一页")则显示页面向后翻一页。按键盘上的"PAGE DOWN"键一次，也可以显示相应功能。

⑦前一页：当系统处于原版显示状态时，在主菜单"桌面"中选择一次"前一页"(单击"前一页")则显示页面向前翻一页，按键盘上的"PAGE UP"键一次，也可以显示相应功能。

⑧本刊首页：当系统处于原版显示状态时，在主菜单"桌面"中选择"本刊首页"(单击"本刊首页")则显示页面翻向该刊第一页(一般是目录页)。

⑨本刊尾页：当系统处于原版显示状态时，在主菜单"桌面"中选择"本刊尾页"(单击"本刊尾页")则显示页面翻向该刊最后一页。

⑩转到……页：当系统处于原版显示状态时，在主菜单的"桌面"中选择"转到……页"(单击"转到……页")，然后，系统弹出一个窗口，输入所需要的页号后，单击"确认"后，屏幕即显示此页。

⑪显示精度：当系统处于原版显示状态时，在主菜单"桌面"中选择"显示精度"(单击"显示精度")系统给出下列窗口，通过不同选项可以得到不同的显示精度。

矢量	显示精度
中间	本页字串查找
点阵	下页字串查找

⑫本页字串查找：当用"全文检索"等方式查到某个字串后进行原版显示时，可能一时找不到该字串在文中的具体位置。这时在主菜单"桌面"中选择"本页字串查找"（单击"本页字串查找"）后，系统将在本页中迅速查找该字串，并以反视形式将该字符串显示在窗口的左上角处。若同一页中该字串多次出现，可用多次选择"本页字串查找"进行本页中下一个匹配字串的查找。

⑬下页字串查找：进行完本页字串查找后，在主菜单"桌面"中选择"下页字串查找"（单击"下页字串查找"）后，系统将在下一页中继续迅速查找该字串，仍以反视形式将该字串显示在屏幕的左上角处，如果同一文献中该字串多次出现，可用多次选择"本页字串查找"进行全文中该字串的查找。

⑭序列号隐藏：将主菜单中的"桌面"下的"序列号隐藏"选中后，在文献篇名列表中篇名的前面将显示一个序列号，该序列号为此文献在光盘版中的序列编号。

二、中文科技期刊篇名数据库光盘的检索

中国科技信息研究所重庆分所近年来一直从事中文科技期刊篇名数据库的开发。它的早期产品是上百张 360 KB 软盘的数据，需要一张张地装入计算机硬盘。现在出了光盘版，每季度或每月都可更新一次。当前的光盘是一张，存储 1989 年到现在的中文科技期刊文献信息，使用起来十分方便。

这张光盘的内容并不等于我们手工检索时的"全国报刊索引"，尽管它们的报道内容大致相同。"全国报刊索引"至今也还没有年度索引，因此，必须一月一月地进行回溯检索。但该光盘检索则可在几分钟内得到同样结果（题目信息）。

（一）检索软件的使用说明

（1）程序盘文件清单。

SETUP. EXE　　　检索程序安装文件

SS5. EXE　　　　检索主程序

KMK. DBF　　　　馆藏期刊库文件（一个 DBASE 数据库文件）

MSCDEX. EXE　　DOS 与 ISO9660 标准接口程序

README　　　　　说明书

（2）检索软件的安装。

将检索程序盘插入 A：驱动器中，按 SETUP，回车即进入安装程序。出现如下的显示提示：

中文科技期刊数据库

光盘安装程序

逻辑盘号：C

子目录：CB—ISTIC

需要修改吗：NO YES

用户若需修改目录名，就选 YES。我们将其改为 ZPK（中篇库）的目录

（3）馆藏库生成。

ZPK 目录中的 KMK. DBF 文件是一个用 FOXBASE 系统生成的数据库文件。这个文件列出了本库出现的全部期刊的刊名，用户可以删

除其中不属于本馆馆藏的那一部分期刊，并将馆藏部分期刊的第二字段上的馆藏号改为本馆的馆藏号。这样在用户进行文件检索时，可将本馆的馆藏情况反应到检索的期刊中，以便于用户查找原文。

（4）检索。

在上述工作都完成以后，用户可以键入 S5，进入中刊库光盘检索程序。

①单项检索：当蓝色光标定位在分类号、著者、主题词或刊名处时，按回车键即进入检索画面。

例如：在分类号处按回车，再输入 TP316，回车，得到如下结果：

②分类号 TP316·检中 352 条

若在 TP316 之后打一个"?"，则表示"前方一致"检索方式，即只要分类号前 5 个字符为 TP316，即为检中结果。

例如：②分类号 TP316？检中 583 条

其中 TP316，TP316，5，TP316，37 等都属于此检索条件的结果。

同样对著者、主题词和刊名的检索也都可以进行前方一致检索。

③篇面扫描检索。

当蓝色光标定位在篇名处按回车，即进入篇名扫描。这个检索方式将输入的词与篇名中的词进行比较，若在篇名中出现的为检中。

④同义词检索。

在用主题词检索时，若用户没用"?"进行前方一致检索，则检索程序将自动从同义词表中找出这个词的同义词并一块进行检索。

⑤复合检索。

复合式利用单向检索的结果进行复杂的逻辑组配。采用复合式可根据自己的要求，将单项检索结果任意组合达到目的。复合式尊从布尔逻辑运算规则，有"与""或""非"三种运预算，分别用＊、＋、－为其运算符。例如：

A 分类号：TP316　　　　　检中 352 条

B 主题词：程序设计?　　　检中 902 条

C 著者：李?　　　　　　　检中 1853 条

D 复合式：（A＋B）＊C　检中 252 条

其中 D 项的复合式结果是由（A"或"B）"与"C 构成的，即为满足条件 A 或 B，同时满足 C 的记录构成。

⑥辅助操作：F3：删除检索项。在用户进行检索时，由于一屏最多只能容纳 20 个检索项目，用户可将某些不需要的检索项删除。

按 F3 键后，在检索项中出现一个长条的光带，可以用上下箭头移动，当光带停留在某个检索项上时，按 D，将出现删除标记，这时并没有将此项检索真正删除，用户还可以在光带停留处，按 R 来取消删除。按 ESC 之后，将删除所有作了删除标记的检索项及复合式。

F4：限制检索年代，用户进入某项检索之前按 F4 键后，以后的检索都是在指定的年份中进行，直到下一次再按 F4。

例如：起始年代：93，结束年代：93。

表示检索 1993 年一年内的文献。

（5）检索结果的显示/打印。

①全屏幕显示打印。

当用户按 F1 键后，在屏幕上出现一条长光带，按回车键将进入显示/打印屏。

F键：按 F 键时，将在本篇的左上角出现一个"＊"号，表示对本篇做了标记。

P键：按 P 键时，进入打印。

A：打印全部 B：按标记打印 C：打印本篇

C键：按 C 键时，进入拷贝，用户在输入拷贝的盘符和文件名后，程序将提示用户：

A：全部拷贝　　　　　　B：按标记拷贝

此时若用户按 A 键，程序将拷贝前面的 500 条，若用户按 B 键，则程序将按用户标记进行拷贝。

HOME 键：将显示第一到第三条的记录内容。

END 键：将显示最后 3 条的记录内容。

PGUP 键：将显示上一屏记录内容。

PGDN 键：将显示下一屏记录内容。

数字键（0～9）当按数字键后，出现数字输入方式，用户可以指定显示某一条记录。例如，某检索项共检中文献 5 328 条，当用户按某一数字后，进入数字输入方式，用户可以输入小于该数的任意数字，显示将跳到指定记录。

Q键：当按 Q 键后，返回主菜单。

②浏览显示与打印。

当用户按 F2 键后，进入浏览显示状态。屏幕上每行简单显示一条记录，只含有第一个分类号及篇名。该状态下显示，打印以及套录的操作方法与全屏状态相同。

（6）联机帮助。

①引用期刊刊名索引查询。

该刊名索引是库中所有引用过的期刊名的总汇。用户在按 F5 键后，进入刊名查询状态，其匹配方式为扫描的匹配。例如，输入查找词"护理"，则显示刊名有：国外医学、护理学分册、护理学杂志、护理杂志（台湾）、山西护理杂志、实用护理杂志等。利用该功能，一方面要解决由于刊名输入格式不一致造成的漏检，如"中国科学 A 辑"库中还可能有"中国科学：A 辑"等存在形式。此外，台湾版期刊前几年只要没有同刊名，则没加后缀（台湾），近两年为醒目起见，都加了后缀，故此，许多台湾刊都有两种形式，如"铸工"与"铸工（台湾）"，另一方面，利用该功能还可以将某一类的期刊集中显示出来。

②后控词表。

由于本库采用的是半受控标引方式，标引词中有相当一部分自由词，在一些复合概念的拆分的处理上也存在不一致的地方，利用本功能可达到提高查全率的目的。本功能的实现方法是：用户输入主题词后，微机自动查询同义词表，并将其同义词一并进行检索，作为命中结果，如"艾滋病"有同义词"爱滋病"，"AIDS"，用户输入这三个词中任意一个，微机自动检索其他余下的两个，并以逻辑"或"组配。对于经过拆分的概念，则不进行自动检索；而在屏幕的右上方显示出来，用户根据提示，输入主题词进行检索，组配如输入"新生儿黄疸"，则显示"新生儿＊黄疸"，这时，用户除需检索主题词"新生儿黄疸"之外，还需检索"新生儿"，"黄疸"，并将这两个检索项进行"与"组配，方可达到检全目的。

（二）检索举例

如果没有开机，则进行以下准备工作：

第一步：打开计算机电源，计算机显示器上出现 C〉；

第二步：转到 E 盘（或其他装有 UCDOS 的逻辑盘）；

第三步：键入 UCDOS，回车，启动 UCDOS 汉字系统；

第四步：转回 C 盘，进入 ZPK（中篇库）目录；

第五步：按一下光驱的弹出按钮，再放上"中篇库"光盘；

第六步：将光盘轻轻推入后，在计算机上键入 SS5，回车，这样就将进入该系统（中篇库的早期版本用 SS2 进入）。

实例一：检索有关用专家系统控制锅炉的中文（国内）文献

当键入 SS5，回车后，光驱指示灯亮一阵，然后立即显示检索画面，如下图：

序号	检索项目	
1	A：主题词：专家系统 年代从：89—95	检中：2685 篇
2	B：主题词：锅 炉 年代从：89—95	检中：5662 篇
3	C：复合式：A＊B 年代从：89—95	检中：5 篇
4	…… ……	…… ……
操作命令	主题词 分类号 著者 刊名 篇名 复合式 ESC：退出	
	F1＝显示 F2＝浏览 F3＝删除项 F4＝年代限定 F5＝刊名索引 F6＝帮助	

屏幕下面两行是菜单提示。选主题词检索。分别输入"专家系统"和"锅炉"两个主题词，注意输入的是中文，在输入完毕后要及时切换回英文方式，才能使用菜单上的 P—打印命令等。

此例命中五篇，因此不再作任何限定检索了。菜单上的 F1 是显示文献题录的全部信息，而 F2 的功能则是浏览，即只显示分类号和文章题目。如果选粗略的显示，按 F2，出现如下命令文献集合：

当前篇数：1P—打印（HOME）—首篇（PGUP）—上、下翻↑

↓、上下移 N—第几篇。

总共篇数：5F—标记（END）—末篇（PGDN）—下翻 C—拷贝/套录 Q—返回

TK223.1 锅炉内外部定期检验报告自动生成专家系统

TK223.67 专家自适应模糊控制在 500MW 机组锅炉水位控制中的研究

TK223.7 模糊控制在电厂工程中的应用研究

TM621.2 电站锅炉故障诊断专家系统的研究和应用

TK228 诊断技术在锅炉运行中的应用和发展

如果想了解完整的题录信息，就在这里按 Q 返回，再选 F1，将会一屏显示三个题录。例如下面是关于第一篇文章的信息：

分类号：TK226.1　　　　　　记录号：94826176←

著 者：马军，谢云鹏等

篇 名：锅炉内外部定期检查报告自动生成专家系统

刊 名：中国锅炉压力容器安全（馆藏号：------）

主题词：锅炉，安全检验，专家系统，人工智能

信息出处：--94，10（1），-36-38

记录号右边的箭头指示当前的记录，如果按 F 则标记上它，以便检索完后输出，如果按 P 则立即打印这个记录。当然，这时打印机应已备好（装上纸并且已联机）。

在刊名后的馆藏号是空白，这是由于每个图书馆对于同一种期刊可能有不同的馆藏号，因此，光盘版此项数据暂时空着。

中篇库与"全国报刊索引"的另一个不同之处是，它不只是提录，有许多文献还有简介性质的文摘。有文摘的将用红色汉字注明：

"带文摘"，并提示：

W—文摘　　　　　　R—返回

只要键入字符就能显示文摘内容。

如果打算把检索结果拷贝到软盘，则选 C - 拷贝/套录，将提示：

A：全部拷贝　B：按标记拷贝　ESC：取消拷贝

选择 A 或 B 的话，又会提示：请输入盘符和文件名：

实例二：从著者途径检索

选著者途径，输入汉字姓名，就能查到该作者在检索年限内发表的重要文章。例如，我们查找穆安民发表的文章。下面是检索的结果：

分类号：G230 \ 7　　　　　　记录号：92860372

著者：穆安民

篇名：ISBN 和 ISSN 号的计算机效验位的一种简捷算法

刊名：现在图书情报技术（馆藏号：……）

信息出处：- 92，（3），- 61 - 62

主题词：ISBN　ISSN　效验算法　同余理论

◇　◇　◇　第八章

网络信息检索技术基础知识

　　当今世界，形形色色的网络，特别是 Internet 网络的出现，为文献信息资源的全世界范围内的共享提供了极其良好的条件。做为一个新时期的大学生，如果你不想仅仅把自己的大脑当成一个存储器和 CPU，如果你想真正地使自己能进行创造性的学习，就必须学会站在巨人的肩膀上，充分利用 Internet 为你提供的功能强大的"外脑"，使你宝贵的大脑资源能更多地使用在运筹帷幄、分析问题和解决问题等方面，就必须熟练地掌握有关在网络上进行信息检索的技能。为此，我们需要对有关网络的一些重要基础知识以及网络信息检索技术加以介绍。

第一节 计算机网络的基本概念

当我们把两台计算机互连起来，其中一台计算机就可以利用另外一台计算机上的资源、设备，实现相互间的数据交换。如果我们把三台计算机互连起来，就可以构成一个最简单的计算机网络。

一、计算机网络

所谓计算机网络，是指互联起来的、独立自主的计算机的集合。互联意味着互相联接的两台计算机能够互相交换信息。连接是物理的，由硬件实现。连接介质可以是双绞线、同轴电缆或者光纤"有线"介质。

从概念上，无论是哪一种网络，总可以将它划分为两部分：主机和子网。

主机是组成网络的、独立自主的计算机，用于运行用户程序（即应用程序）。子网是将入网主机连接起来的实体。子网的任务是在入网主机之间传送信息，以提供通信服务。

二、建立计算机网络的目的

计算机网络是计算机与通信技术相结合的产物，它最主要的目标在于提供不同计算机和用户之间的资源共享。换一句话说，在计算机网络中通信只是一种手段。

三、计算机网络的分类

计算机网络有很多种分类方式，例如拓扑结构、交换方式等。实际上用得最多的是按照计算机网络的分布距离划分的。

按照分布距离的的大小，一般常常将计算机网络分为：

（1）局域网（LAN）（Local Area Net）；

（2）广域网（WAN）（Wide Area Net））；

（3）国际互联网（Internet）。

局域网络由传输介质（又叫做传输线、线路等）和主机网络接口板（网卡）组成。

在广域网中，通信子网除了包括传输介质和主机网络接口板外，还包括一组转发部件。

广域网用于长距离通信。都市网覆盖范围为中等规模区域（相当于一座大城市）。局域网则是最常见的计算机网络，其分布距离最短。总的规律是距离越长网络传输速度越慢，局域网的网络传输速度最快。正是速度因素极大地影响着计算机网络硬件技术的方方面面，广域网一般采用点到点信道技术，而局域网一般采用广播信道技术，这跟速度就有很大的关系。

至于 Internet 则不是一种具体的物理网络技术，它是将不同的物理网络技术以及各种物理网络技术下的子技术统一起来的一种高层技术，所以，有人也把它叫做"网中网"。

第二节　Internet 介绍

现在，Internet 一词是人们使用频率最高的一个词，因为它现在不仅仅用于科学研究方面，而且也应用于商业以及人民日常生活等各个方面。从它的发展态势上来看，也许有一天，地球上的每一个人都会发现：自己经被 Internet 包围了。

其实，现在的 Internet 就像 19 世纪的电话刚刚被发明一样，它必将和我们的工作，学习，生活紧密联接起来，以至于成为其不可分割的一部分。同时，它也将是人们了解世界、获取信息，走向成功的有力工具。

一、Internet 的历史和发展

在 1969 年的时候，当时 DARPA（美国国防部高级计划研究署）为了实现各自独立的计算机之间数据的相互传输和通信，建立了世界上最早的计算机网络之一：DARPANET。这就是 Internet 的前身。

当时这个网络还只是用于军方，用于在意外事故发生时，比如断电、通信线路中断甚至核子攻击时，军方有能力保证稳定而可靠的通讯，并有足够的能力恢复这些故障。

但是，渐渐地 DARPANET 不再仅仅用于国防。随着 TCP/IP 协议的研究和发展，使得异种网之间的相互连接和通讯成为可能。大约在 1980 年前后，DARPA 以 DARPANET 为主干建立了 Internet（网间网），同时连入的还有美国各个大学。

在此之后，由于 NSF（National Scientific Foundation 美国国家科学基金会）的介入，它于 1986 年建立了远程主干网 NSFNET 并且与 DARPANET 相连。1990 年，它取代 DARPANET 而成为目前 Internet 的新主干。

现在，Internet 已经发展到全世界，目前连入 Internet 的用户已经超过 6 000 万，而这一数字还在以每一天数以千计的数目迅速增加。

我国连入 Internet 的时间比较晚，大约在 1987 年才开始与Internet

有所接触，这也仅仅是采用各种方式间接地使用 Internet，一般也只是使用 E – mail 功能。

直到 1994 年 5 月，中国国家计算机和网络设施中心代表我国加入了 Internet，建立了代表中国域名的 DNS。

目前北京地区拥有直接联结 Internet 国际通信专线的国内机构有：邮电部电信总局、中国科学计算机网络信息中心、中国教育科研计算机网、中国科学院高能物理研究所计算机中心和北京化工大学等。

最近几年以来，我国的通讯条件大为改善，为我国发展 Internet 创造了条件。但是，目前网上的中文信息还不够丰富，而且，目前我国的 Internet 使用费用虽然已有所降低，但是，与国际上的收费水准相比，还显较高。网上传输速度也还比较慢，2001 年，中国的带宽接入已大大增加，以后的情况肯定会越来越好。

二、Internet 的管理

Internet 由 DARPANET 发展到今天，已经完成为一个联接全世界的很大很大的网络。它由许许多多的小网络组成，现在已经联接了整个地球。

Internet，有人把它叫做网间网，即网络之间用一种公用的协议来进行交流网络。在这里，我们还是把它理解为国际互联网络为宜。

但是，大家应该知道：Internet 不是任何组织，它不是一个具体的事物，也不是由某个人或组织来控制的，它只代表一种存在，即每个人、每个组织都可以加入到 Internet 中去，享用 Internet 的乐趣，发掘其中的经济潜力，分享各种信息。在 Internet 的世界里，没有领导，没有详细的组织机构，进入 Internet，每个人都是平等的，这里没有国界，也没有种族歧视。

但是，Internet 确实是通过彼此合作来运行的，在这个网络上你可以是一个普通的用户，你只需一个计算机网络的账号和访问 Internet 的权限，就可以进入 Internet 世界。你也可能是一个计算机网络的系统管理员。但是，系统管理员必须对网络进行管理、维护。构成 Internet 的每个计算机网络都有它的管理员。在网络之间，也有大小区别，可能一个网络是另一个网络的子网。Internet 就是在各个网络彼此之间合作，各自管理的基础之上实现网络互联的。

目前，也有几个组织在关注 Internet，这些组织管理员由一些感兴趣的人士组成。其中最重大的是 Internet 协会（ISOC）。ISOC 的目标是利用 Internet 促进全世界范围的信息交换。它的成员都是志愿者。

ISOC 有以下几个机构：

（1）Internet 体系结构委员会（IAB）；

（2）Internet 工程任务技术委员会。

Internet 体系结构委员会负责批准标准，指定资源分配的规则，例如 Internet 地址的分配。IAB 批准的标准便可以向 Internet 的其他部分发布。该组织的成员都是被邀请的志愿者。

Internet 工程任务技术委员会讨论 Internet 上当前以及即将遇到的技术问题。当某件事受到了较多人的关注时，就成立一个专门的工作组研究这个问题，并将最后的报告提交给 IAB 批准，建立新的标准。

以上组织的成员都是志愿者。

没有一个中央机构统一管理 Internet。因此要保证所有的系统都只遵循一个标准是很困难的。这个联系世界各国的网络不可能由某个或某几个国家政府管理。而现在 Internet 都运作得很好，很大程度上是依靠人们间的协同合作。

三、Internet 的主要功能

为什么 Internet 会这样受到人们普遍的欢迎和重视呢？

这是因为它有许多令人感到十分方便的重要用途。通过 Internet，你可以轻松地将自己连接到全世界各个地方；你可以快捷的收发电子邮件以代替以平常的麻烦的书信；你可以与其他人一起参加到新闻组，讨论你感兴趣的话题；也可以下载各种免费软件或者共享软件；你还可以玩联机对战游戏；更重要的是：通过 Internet 人们可以快捷方便地打开全世界任何一个地方的文献、信息、情报资料的大门，在其中选取自己所需要的任何文献、信息、情报资料和信息，这样一来，Internet 就成了人们进行学习、研究所必不可少的重要工具和十分可靠的朋友……

下面我们把 Internet 的最主要的应用简要地介绍一下：

（一）收发电子邮件 E - mail

这是 Internet 上最常用的一种服务功能，任何一个远离家乡或祖国的人，任何一个需要与远方的朋友和同事进行通讯联络的人，都会对它倍感亲切。通过电子邮件，你只需花很少的钱就可以和国外或远方的朋友通信，而且还要快捷方便得多。Internet 中 E - mail 的规则是 SMTP（Simple Mail Transfer Protocol—简单邮件传输协议）。正如我们使用电话而不用知道电话是如何接通并传输一样，使用电子邮件也只需要知道对方的电子邮件的账号就可以了。

（二）信息查询

Internet 上文献、信息、情报数不胜数，只要你肯认真查找，你就能够找到你所需要的全部文献信息资料。正因为如此，它才成为了我们在学习、工作、科学研究等各方面的最忠诚最可靠的朋友。

Internet 上有许多搜索引擎，例如 Yahoo 等，它们把网上的一些文献信息资料情报分门别类，组成了一个大型的数据库。你可以在这里搜查相关的主题。这些搜索引擎对于我们检索各种文献信息以及情报是十分方便和有用的。

有关具体的信息查询方法我们将在后面专门详加介绍。

（三）使用 CoolTalk 和 NetMeeting 进行网上交谈

CoolTalk 是 Netscape 公司开发的软件，允许两人通过 Internet 进行谈话；NetMeeting 则允许多人通过 Internet 交谈，就像开会一般。也就是说，通过 Internet，你可以和千万里之外的朋友和亲人方便地进行交谈。

（四）下载文件

只要是上过网的人对 FTP（File Transfer Protocol – 文件传输协议）都是十分了解的。文件传输协议是用来在计算机间上载和下载文件的 Internet 协议。

许多软件公司都在 Internet 上自己的 FTP 站点中包含有本公司软件的升级版、驱动程序、软件的试用版和其他的一些免费软件或共享软件。另外，有些 FTP 站点中还包含有学术论文和报告等。通过它你可以下载各种免费软件和共享软件以及获得很多软件的试用版和测试版。

当 FTP 服务器收到一个客户的文件请求时，服务器就把那个文件的备份发送给用户。用户可以利用 FTP 让服务器发送文件或者从客户端向服务器上载文件。

（五）网上购物

网上购物在国外已经比较流行，当你进入某家鲜花供应商的主页，然后选择要购买的鲜花，输入你的信用卡号和其他一些相关信息，那么你就可以等着有鲜花被送上来了。

其实在国内也可以通过 Internet 需购买国外的物品。只要你拥有一张国际通用的信用卡，不用出国就可以在国外的商店里逛逛，买一点东西了。

（六）股市行情

现在的股市非常热闹，但是，有了 Internet，你就完全可以不必亲临股市，而照样可以清楚地查看股市的最新行情，最新动态等你所最关心的内容。

（七）Telnet 远程登录

在个人台式计算机出现以前，人们通过终端与计算机交换指令并通过打印机或监视器来显示计算机的响应。

Telnet 是 Internet 的一个工具，它用于把一台计算机与另一台作为远程终端的计算机连接起来。这样在 Telnet 客户程序中输入一条指令就和在本地终端上键入同一指令产生完全相同的效果。

Telnet 有几种常见的应用。如果你在远处的计算机中有一个账号的话，那么你就可以使用任何一台与 Internet 相连的其他计算机，向远处的计算机发送指令并查询它的数据。

（八）BBS—公告牌服务

BBS（Bulletin Board Service_ 公告牌服务）是 Internet 上的一种

电子信息服务系统. 。在 WWW 出现之前，这是 Internet 之上最受欢迎的服务。

BBS 提供了一块公共电子白板，每个用户都可以在上面书写、发送信息，提出看法。大部分 BBS 由教育机构 、科研机构或者商业机构管理。它按照不同的主题，把主题分成很多布告栏。使用者可以在此阅读他人关于某个主题的最新看法。由于上 BBS 的人很多，在各方面话题都有许多热心的讨论者，因此你可以很容易地找到任何你所感兴趣的主题。如果你的目的是检索文献、信息、情报，那么，你就可以利用 BBS 向有关人士求教或开展相应的讨论，这一定会为你获取相关文献信息、情报提供很大的帮助。

四、Internet 的基本知识

对于初步认识 Internet 的人来说，一大堆名词或许会让你望而生畏。通过这一节的介绍，相信你就不会对它再感到有什么神秘的了。

（一）WWW

WWW 即 World Wide Web，国内又有人把它翻译为万维网，你可以使用 Web 页（或者称为主页或网页）将文本和图像以及文件和其他 Internet 资源的访问紧紧地结合在一起并且显示出来。

Web 页可以在页面上进行热连接，使用鼠标单击某一带有下划线的链接，可以将用户带至下一 Web 页面，或者其他的 Internet 资源中去，其中包括 Gopher 菜单、FTP 文件库或 E - mail 等。

定义 World Wide Web 的规则是 HTTP（超级文本传输协议），它是由日内瓦的欧州粒子物理实验室为在 Internet 上传送技术信息而设计出来的。

（二）URL

URL 被称为统一资源定位器。

在 WWW 中，能使其力克群雄，独占信息检索技术的熬头的主要原因之一就是它采用了 URL（Uniform Resourse Location）资源定位系统，从而结束了早期的各种检索工具各自为战、各成一体的混乱局面，现在，只要利用这个 WWW 检索工具，就可以实现对过去的 Gopher 等好多种类型的服务器的信息检索，大体上实现了一统天下。因此，WWW 就成了目前我们进行信息检索的主要工具。比较详细的情况后面我们要专门加以介绍。统一资源定位系统 URL 用来识别每一台与 Iternet 相连的主机和主机上的每一个文件，文件的类型以及其所在的准确位置，它有统一的格式：

type：//address/path/file．ext

其中 type 表示服务器类型，常见的类型有：http：//，file：//，ftp：//，gopher：//，telnet：//这样几种。其余则表明主机及文件在主机上的路径。

例如：http：//home．netscape．com/home/welcome．html

其中 http：//为服务器类型，home．netscape．com 表明主机名称，/home/表示该主机上的一个文件目录。Welcome．html 表示一个文件名。

（三）HTML

HTML 是 HyperText Markup Language 的缩写，即超文本标识语言。

由 HTML 写成的文件在服务器上是以普通的文本形式存放的。但是当用户通过浏览器观察它时，却会有很多特殊效果。所有这些特殊效果，都是由 tag（称之为标签）来描述的。利用这些标签，我们就可以制作出精彩纷呈的 Home Page（主页或者网页）。

（四）Gopher

Gopher 是一种世界范围的，基于 Internet 的菜单系统，是一个显示菜单选项列表的程序。Gopher 程序允许用户在不同选项中作出选择，然后进入新的一组菜单选项集，或者显示某个文档。一个菜单的选定可能把用户带到一组新菜单中，或者是其他主机上的文档中。

与 WWW 不同，Gopher 是基于字符的，没有图像、声音等，因此系统要简单很多，但仍然不失为一种查找文件和获取联机服务的有效方法。

（五）FTP

FTP 全称是 File Transfer Protocol，即文件传输协议，而 FTP 是软件用来在计算机之间上载和下载文件的 Internet 工具。

当 FTP 服务器收到一个客户的文件请求时，服务器就把那个文件的备份发送给用户，用户也可以利用 FTP 让服务器发送文件或可从客户端向服务器上载文件。

（六）E–mail

对于 E–mail 似乎没有必要再说些什么，作为一种新型的通信方式，它有其自身的优点，随着 Internet 的发展他也会越来越普遍的。

Internet 中的 E–mail 规则是 SMTP（Sample Mail Transfer Protocol，简单邮件传输协议）。

E–mail 不仅仅只是一种便捷的通讯工具，同时，它也是进行信息检索时的检索到的信息的纵要得传送工具，例如，美国的世界著名的由 OCLC（Online Computer Library Center, Inc 联机计算机图书馆中心）所主办的 FirstSearch 检索系统有时就是利用 E - mail 给用户传送其所需要的检索到的信息。

以上，我们仅就有关 Internet 的一些名词，用途等作了一个简单的介绍，在以后的有关章节里，我们将进一步深入地进行学习。

第三节　Internet 的结构

Internet 的建立，实现了不同网络之间的连接。通过 Internet 可向用户或者应用程序提供一致的，通用的网络传输服务。这是 Internet 的目标。

Internet 对用户隐藏国际互联网的低层结构，这意味着国际互联网用户和应用程序不必了解硬件连接的细节。在增加新网时，不要求全部互联，也不要求严格星型连接。Internet 能通过中间网络接收、发送数据。在 Internet 上，所有计算机共享一个全局的机器标识符（名字或者地址），而用户界面独立于网络，即建立通信和传送数据的一系列操作与低层网络技术和客户机无关。此外，整个互连的细节对应用程序员是透明的。

在用户看来，整个 Internet 是一个统一的网络，在某种意义上，可以把这个单一网络看做是一个虚拟网络。在逻辑上它是独立的，统一的，在物理上则由不同的网络互连而成. 。将 Internet 看做单一网络，可以极大地简化细节，比较容易建立 Internet 的概念。

第四节　Internet 中的 TCP/IP 协议

Internet 的基本思想是任何一个能传输分组的通信系统均可看做

网络。这些网络均受到 Internet 协议的平等对待。大到 WAN，小到 LAN，甚至 2 台机器间的联接都被当作网络。这就是 Internet 的网络对等性。网络对等性大大简化了对异种网的处理，这种特性主要来源于 Internet——TCP/IP 协议。

TCP/IP 是一种网络通讯协议的简称，它来源于该组协议中最重要的两个协议 TCP 与 IP。通讯协议是一套定义完善的沟通规则，不同种类的机器只要遵循相同的协议即可互相通信。而 TCP/IP 正是 Internet 网络的共同语言。主机间必须利用 TCP/IP 互通信息。

一、IP 地址——给计算机一个唯一的标识

在 Internet 上，任何使用 TCP/IP 协议提供或者接受服务的电脑或者设备都被看做主机。TCP/IP 被设计成适用于不同类型、位于全球各地的传输介质以及电脑系统。为方便标定每部主机，Internet 定义了一套通用的编址方法。理想的地址格式必须提供足够的跨网路由信息并且不占太多的存储空间。TCP/IP 的地址方式即是给定每部主机一组在整个 Internet 中唯一的号码，称作 IP 地址。

IP 的地址长 32 字节，为了便于表达人们将此 32 字节数值切成 4 段，每连续 8 个字节一组。四个整数值表达一个 IP 地址，每个整数在 0～255 之间，例如：

dec3．dec2．dec1．dec0

其中，deco 至 dec3 为十进位数值，例如：166．111．5．10。此种 IP 地址表示法以句点隔开数字，所以又叫作标记法。

二、IP 协议

IP 协议是 Internet 中最主要的协议，是整个 TCP/IP 协议的灵魂。

其他协议都得靠 IP 协议传输数据。无论数据的最终目的地为何，所有流进流出的数据皆会经过 IP 层。

IP 协议的功能包括：

（1）在网络存取层以及端对端传输层之间传递信息；

（2）进行数据片的拆解与重组；

（3）将数据片传送到目标主机。

三、传输控制协议（TCP）

TCP（Transmission Control Protocol）是端对端传输层内最重要的协议之，另一个同级协议是 UDP。这两个协议负责在程序应用层及 Internet 层之间传递数据。

TCP 的功能包括：

（1）提供面向连接以及可信赖的端对端数据传输服务；

（2）滑动窗式流量控制。

TCP 的功能在于向上层各种应用程序提供一组没有错误的连接管道，UDP 虽然与 TCP 等级相同，但各有各的使用时机。对于数据量比较小而且数据的正确性不是很重要的情况，可以考虑使用 UDP，而在数据的正确性的要求比较严格的情况下（例如，Telnet，FTP）时，TCP 即是比较好的选择。

四、TCP 与 IP 的应用

TCP/IP 的大部分应用是客户/服务器模式的服务程序。在技术上，应用层的服务程序随时监听 TCP 或 UDP 是否有来自客户端的要求送抵。例如，SMTP 服务器程序将一直监听端口是否有联接要求。

如果有则立即建立连接，然后根据客户端的要求提供对应的服务。

客户程序可以通过 TCP 或 UDP 与服务程序建立连接，一旦 TCP 的三向式连接建立完成，服务端即会回应一个初始化信息，然后等待客户端送来命令。当服务结束时，客户端会送出一个终止命令，并且等待服务端的回应，之后关闭 TCP 连接。

通常在双方之间传达的命令与回应皆是文字型（以 CR/LF 结束）的，其中的字符则采用 ASCII 字符集。

第五节　域名系统

IP 地址是以 4 个数字表达的 32 字节数值。TCP/IP 虽然用它定位主机，但是，对于人类，数字形式的地址并不如由字母组成的名字那样直接、好记。为了便于记忆以及识别，人们赋予每部主机一个主机名字，这个名字通常是个能代表该部主机所处地位并且容易记忆的单词。它由英文字母和数字组成。

按照传统做法，将主机名字映射成 IP 地址的动作是靠查表完成的，管理者将常用的 IP 地址与对应的主机名字列在一个主机表内，这个表通常是个名为 Hosts 的文档。TCP/IP 会根据该表进行名字与地址的映射。

但是，这种方式随着网络的扩张而显得越来越没有效率。目前 DNS 是 Internet 名字系统的主流，不过 DNS 并不排除传统的查表方式。实际上两种方式经常并存。用户可以在其 hosts 文件内登录常用的或者本地网络的主机数据。系统的 TCP/IP 协议将首先查询 hosts 表，如果没有查到再询问名字服务器，如此双管齐下可以加速查询速度。

一、计算机域名的分配

在 Internet 上，每当一个主机加入 Internet 时，人们就为它取名。在这项仪式中包括 IP 地址及域名（Domain Name）的给定。主机必须有 IP 地址才能与 Internet 连接，域名则告诉别人它是谁，处在哪个地理位置，属于哪类型机构等。

人们为 Internet 建立域名系统，这个系统提供方便、好记、有阶层性、含地理位置、机构种类、名字等信息的命名方式。

Internet 有着成千上万的主机，为方便分类以及管理，人们采用树状结构的域名分类所有主机。在这个结构中每个节点代表一个网络或一部主机。

在域名树中，某一个节点之后的节点称为该节点的次网（subdomain）或者子网络。

例如 edu. cn 是中国教育研究网的域名，tsinghua. edu. cn 是清华大学校园网的域名，也是 edu. cn 的次网络。

Internet 主机的域名可以与其 IP 地址交互使用，但是，域名主要是为管理设置的，对于 TCP/IP，域名需再被设成 IP 地址的才可使用。

DNS 的顶层网络有两类：地理的与机构的。地理的顶层网络通常分配予美国以外的国家，并且以两个英文字母表示。例如，中国是cn。但是，在美国本土不使用地理的域名，而按照机构性质划分。它们是：

Com 美国商业机构（US Commercial）；

Edu 美国教育机构 （US Education）；

Gov 美国政府机构 （US Government）；

Mil 美国军事机构 （US Military）；

Net 网络机构 （Network）；

Org 非利益机构 （Non‑Profit Organization1 Internet （InterNIC）。

顶层网络的数量与种类已经固定了，但是，只要理由充足，任何机构仍可以向 Internet 网络信息中心申请在指定的顶层网络之下建立第二层网络。

二、计算机的别名

Internet 允许一个网络或者主机同时拥有无数个域名，但是，只允许其中一个是该网络的正规名字，其他则视为它的别名（alias）。别名的好处有许多，可以选择方便记忆、意义明确的别名。实际上这些名字可能对应到相同或不同的主机，当提供服务的主机发生故障时，仅仅需要将别名指向另一部临时替代的主机。对于外界，虽然提供服务的主机已经由另一部主机替代，但是，外界指定的域名仍然相同，所以不会影响外界的存取。

三、域名系统的实现

一个组织完善的系统必然存在构成成员与规则。域名系统的主要成员为域名数据库（Domain name database）、名字服务器（Name server）以及地址解析器（resolver）。规则即是后两者相互沟通的语言：DNS 协议。整个名字系统提供名字—地址的双向映射及附属的相关名字服务。

这些成员有阶层、有组织地分散于 Internet 各处。整个域名系统即呈现一幅由许多名字服务器、域名数据库以及地址解析器三者互动的阶层性动态图案。上述域名系统的三种成员也反映了整个域名系统的三个观点；对于一般用户，整个域名系统就好比是一棵树，他们只需通过系统提供的解析器查询名字，不需要了解名字数据在整个 Internet 的分布情况。

地址解析器代用户向预定的名字服务器查询名字数据。名字服务器则供其他名字服务器或者解析器发问并且提供解答。域名系统可能仅是它所管辖区域的域名数据库以及与它接洽的特定名字服务器。

DNS 的设计目标在于它的名字是单纯地用于识别名字，其中不含路由或实体地址等相关信息，名字需要满足一般性需求。为满足不断的变动及查询，名字数据库须是分布式的，名词性系统不单只用于地址的解析，它能提供例如电子信箱信息等其他相关服务。

四、如何将域名转换为 IP 地址

名字服务器是域名系统的灵魂，它们让整个系统动起来。名字服务器有三类，每个权限区内必须设置一部主机名字服务器，也可以另外设置一至数部次名字服务器。

主名字服务器负责维护、提供其权限区的所有名字数据，其数据由该区管理员所建立维护。次名字服务器只是在增加 DNS 服务，降低主名字服务器的负担。这种服务器会定期由主名字服务器复制一份权限区文献。另外还有一种"快取名字服务器"，此服务器不建立或维护特定权限区的名字数据，当用户对这类主机发出询问时，它先搜索自己的缓冲区。如果没有发现答案，再代用户讯问其他名字服务器。问的的结果一方面回应原来的询问者，同时也保存于自己的快取缓冲区。

每部名字服务器都有其所辖的名字范围，为了便于管理，整个域名空间被划分成数个不相同并且至少内含一层网络的权限区。每个权限区内须至少设置一部负责该区的名字服务器以维护该区所有的名字信息。例如，cn 是个权限区，它的下面的 edu. cn. co. cn 或 net. cn 等可能又是别的权限区。权限区并不一定得如此划分，也没有硬性规定一定得以网络或次网络为分割单位。不过为方便起见一般都是以此划分权限区。

五、DNS 客户/服务器机制

域名系统采用客户/服务器模式提供名字服务。客户端在此称作地址解析器。当应用程序需查询 DNS 时，地址解析器即向用户预设的名字服务器询问。所以，我们可以将 DNS 简化为 3 种实体：

（1）地址解析器；

（2）本地名字服务器；

（3）远端名字服务器。

地址解析器即 DNS 客户/服务器模式的客户端部分。当应用程序需要名字信息时，即要求该主机的地址解析器向名字服务器询问。

本地名字服务器负责提供其所在区域的所有主机的名字服务。它通常也维护着当地网络所有主机的名字信息。当发现没有被询问的名字信息时它也负责代为询问其他处的名字服务器。

远端名字服务器是较上层或距当地网络比较远的名字服务器。它回答其他主机询问的问题或告知到何处可以找到答案。

第六节 电子邮件

一、什么是电子邮件

在这一节里，将向大家介绍在 Internet 之上使用最为广泛的一种服务：E－mail（电子邮件）。电子邮件与传统邮件大同小异，只要通讯双方都有电子邮址，就可以通过电子传播媒介，交互往返邮件。所以，电子邮件是以电子方式发送，传递信件。

电子邮件最早出现在 DARPANET 之中，是传统邮件的电子化。电子邮件最初是用来实现两个人通过计算机进行通信的一种机制。最早的电子邮件只提供了一个基本的机制，即容许一个用户在一台计算机上输入信息，然后通过网络传递给使用另一个计算机的用户。

现在，E－mail 已经成为 Internet 国际计算机互联网络为用户提供的一种现代化的通信手段。电子邮件的服务范围覆盖全球 170 多个国家和地区。有了 E－mail，无论天涯海角，邮件几乎可以转瞬即到。

可以说电子邮件的出现与普及改变了人们以往的通讯方式，它的快捷、方便与低费用极大地改变了人们的信息交流。

二、电子邮件的优点

与传统邮件相比，电子邮件有两个巨大的优点：

（一）速度快

电子邮件可以使你只需要等几小时或者几分钟，甚至是几秒钟，就可以将信息传送到世界的另一端（信息传递时间将以你与对方所在处所而定），它可以真正让你获得"天涯若比邻"的感觉。

（二）使用方便

掌握了基本操作之后，你还可以建立个人邮件发送清单，免去重复键入网址的麻烦。你可以根据个人的需要和兴趣，加入 Internet 之中的各类邮件发送清单，那样，你便可以按时收到有关的文献、信息、资料和消息，例如，相应杂志刊物、订阅服务、信息服务等却不费分毫!

三、电子邮件与文件传输的区别

表面上看电子邮件与文件传输类似，也是利用网络通信设备将数据传到接收方。但与一般的文件传输相比，电子邮件有以下两个显著的特点：

（一）电子邮件是高度结构化的文件

电子邮件的数据文件有固定的格式，有邮件头（mail header）和邮件体（mail body）。其中邮件头由以下 3 个部分组成：

（1）收信人电子邮箱的地址（To:）;

（2）发信人电子邮箱的地址（From:）;

（3）信件标题（Subject:）。

邮件体为邮件实际要传输的内容。

（二）电子邮件的最终发送和接收者都是人而非机器。

电子邮件面向的是客观的人，而不是简单的在机器间传送文件。因此，电子邮件系统都有两大部分：人机界面与邮件传输。

人机界面用于发送者和接收者的发送、编辑与读取邮件。

邮件传输用于发送和接收电子邮件。

四、电子邮件的功能

现在，有多种软件可以通过 Internet 来发送电子邮件。目前电子邮件系统一般都具有以下基本功能：

（1）信件起草、编辑功能；

（2）信件通知功能；

（3）信件的一对一发送或者一对多发送功能；

（4）信件的读取功能；

（5）信件管理、转储和归档功能；

（6）信件的批注功能；

（7）退信原因说明的功能；

（8）收信回复与转发的功能；

（9）信件检索功能。

五、使用电子邮件的要求

要使用电子邮件需要以下 3 个条件：

（1）一个 Internet 环境；

（2）一个电子信箱的账号；

（3）一个电子邮件客户程序，用来收发电子邮件；

以上 3 个条件缺一不可。

六、电子邮件系统使用的协议

要理解电子邮件的工作原理，先得看一看在 Internet 上电子邮件的传送上所使用的的传送协议，例如 SMTP（Simple Mail Transport

Protocol）, POP（Post Office Protocol）及 MIME（Multipurpose Internet Mail Extension）。这三者经常被混淆。下面让我们来看一下它们各有什么用途。

（一）SMTP

它主要提供一种直接的、端对端（End to End）的传送方式，这与很多邮件系统如 UUCP 与 X·400 利用储存后传送（Store And Forward）的方式传送大不相同。所谓的"Store And Forward"是指在传信途中的每一个转接点中都会把信息整个存起来，然后再向前传送，一直到终点为止。而直接端对端的传送方式则允许 SMTP 不依赖中途各点来传递信息。如果传递失败，你的系统很快会有回应。

SMTP 的缺点是两端的系统必须都能正常运作，信息才能传递成功。但是实际上往往不是如此，尤其是个人电脑不像大型系统整天开机收信。一方的电脑一旦关闭，错误就由此发生了。为了避免这种状况发生，我们会将信件储存于邮件服务器之上。这时候怎么将信件由邮件服务器取回呢？那么就要借助 POP 协议了。

（二）POP

POP 有两个版本，分别是 POP2 与 POP3。两者协议与指令之间并不相容。但是基本功能都是到邮件服务器上去取信。

（三）MIME

MIME 是现存的 TCP/IP 信件系统的扩展。它不是用来取代现有的邮件系统的。它扩展了信件系统的两个部分：

①多种资料形态的支持。

原有的邮件系统只能传送 7 – Bit 的 ASCII 文件，适用于美国，但不适用于非英语语种的国家，而且也不支持非文字资料（例如，二进制文件）的传送。MIME 弥补了以上不足。

②支持复杂的信件内容。

以往的邮件系统并不允许比较复杂的信件主体，MIME 改善了这个状况。

到现在为止，我们已经了解了这些协议，那么就应该知道：要能够在 Internet 中发送电子邮件必须遵循一个 SMTP 标准协议，要能在自己的电脑上收信需要 POP 协议，而要能够传送中文文字则需要 MIME 协议。

七、电子邮件信箱的地址格式

电子邮件信箱地址是由一个字符串组成的。例如，bowenli@ hotmail. com。这个字符串被@ 分为两个部分，信箱地址的前缀标识信箱的用户名，而后缀是用户电子信箱所在计算机的域名。

在大多数计算机上，电子邮件系统使用用户的账号名或登录名来作为信箱的地址。例如，信箱地址 Webmaster@ www. east. cn. net，标识了在域名为 www. east. cn. net 的计算机上，账号为 Webmaster 的一个用户。

电子邮件的地址可能非常长，计算机的域名和用户的标识也可能难于记忆。在实际使用中，用户标识的格式依赖于所使用的计算机系统和系统管理员指定用户标识的规则。

一些电子邮件系统还支持使用别名表示的电子邮件地址。这种机制可以让用户定义一组经常使用的信箱地址的缩写。通常，别名机制要求用户准备一个别名清单，电子邮件软件运行时，会查找该别名清单。

例如，用户经常向 Richar，Wang 两人发送电子邮件，这两人的电子邮件的地址为：bowenli@ hotmail. com，tianran@ netchina. com. cn 可以为这两个信箱地址定义两个别名：

Richar = bowenli@ hotmail. com

Wang = tianran@ netchina. com. cn

在编辑一个电子邮件时，用户可能在 To 域输入 Richarr 或 Wang，电子邮件软件将自动查找别名清单并且用信箱地址的全名替换缩写的别名。尽管用户只输入了缩写，但发送出去的信件仍然将包含信箱的全部地址。

另外还有一种供系统内的所有用户共享的别名。在大型计算机上，除了每个用户都需要一组别名以外，大型计算机的电子邮件系统通常还允许系统管理员为所有用户定义一组别名。当用户指定一个收信人时，邮件软件首先检索用户的私有别名清单，看看该用户是否为收信人定义了别名。如果用户没有为收信人定义一个别名，那么，电子邮件软件接着检索系统的别名清单看看其中是否包含收信人的别名。系统范围内的别名可以供系统内的所有用户共享。

八、E - mail 常用术语

使用电子邮件的过程中，经常会见到一些与电子邮件有关的术语，为了方便读者使用电子邮件，我们把这些术语介绍如下：

BSD　　　　　　　　　　伯克利大学的 UNIX（Bekeley Software Distribution）

PD　　　　　　　　　　Public Domain

UA　　　　　　　　　　User Agent，Mail 的使用者界面

MTA	Mail Transport Agent，邮差
别名（alias），Phone Book	E-mail 的地址太长太难记，alias 及 Phone Book 分别是 elm pine 的术语，是"简称"的意思（elm 和 pine 是处理信件的软件）
Bounced Mai，Mail-Daemon	有时候邮 E-mail 地址打错或者是其他的原因 E-mail 送不出去，此时系统负责送信的程序会用 Mail-Daemon 的名义把信退回，退回的信叫 Bounced mail。
Forwarding mail	把这封信传给别人
Replying	回信
Carbon Copy	副本

九、电子邮件对人类社会的影响

如今，电子邮件已经被很多 Internet 用户的使用，其使用的范围日益扩大。确实，电子邮件必将取代邮政通信而成为它们的主要通信机制。

经过大量地使用之后，人们对电子邮件对社会生活中的重要影响有了较为深刻的认识，归纳起来，可以分为以下几点：

（1）由于大多数计算机网络提供了一种能够与 Internet 上的电子邮件互通的电子邮件服务，因此，与任何一种其他的 Internet 服务相比，使用电子邮件可以与更多的人通信。

（2）电子邮件的内容可以包括文字、图像和声音等多媒体信息. 。因此，电子邮件可以传递更加丰富的信息。

（3）电子邮件在高速传输的同时允许收信人自由决定在什么时候回复，将即时通信的优点和自由中断的优点结合在一起。

（4）由于计算机程序能够自动回复电子邮件，并且自动发出回信，因此 Internet 上面建立了许多通过电子邮件提交请求并且接收响应的服务。

（5）信件传送清单允许任意一个组内的成员交换信笺，提供了具有共同利益的一组人进行互相讨论的方法。

可以说，电子邮件的出现与普及，使人类社会的信息交流方式发生了巨大的变化，必将推动全球的经济、文化、政治的发展。同时，它也为远距离信息查询，信息沟通创造了极大的方便，所以，在这里，我们花费了不少篇幅对它作了比较详细的介绍。

◇ ◇ ◇ 第九章　网上信息检索的基础
——Internet 上的联网技术

在 Internet 发展得如火如荼的今天，Internet 必将成为人们生活、工作不可缺少的工具。Internet 是面向全世界的，每一个人都可以将计算机联结到 Internet 上，分享在信息高速公路上驰骋的欢乐。

在这一章里，我们将介绍与 Internet 网络联网的几种方法，以及如何根据具体情况将计算机联结到 Internet 上的问题。

Windows 98 的网络功能、特别是现在的 Windows2000 的网络功能十分强大，尤其是在访问 Internet 的时候，它们的强大功能更能发挥得淋漓尽至。

我们国产的 WPS2000 的功能也很好，使用起来也很方便、很简捷。这里，我们主要就 Internet 上的联网技术加以具体介绍。因为如果我门要想在网络上检索自己所需要的文献、信息、情报资料,我们就必须掌握这些知识。

第一节 Internet 的联网方式

一般来说,与 Internet 联网的方式有如下几种:

一种是通过网线（双绞线、同轴电缆、光纤等）直接与 Internet 实现连线;

另一种办法则是利用电话拨号后通过 ISP 服务商提供的 Internet 访问服务,实现与 Internet 的连接。

一般说来,在学校、大的企事业单位中都是以直接连线的方式连上 Internet 的。所谓的直接连线也就是一台 PC 机加上网卡、通过网线,直接与 Internet 相连接。

其次就是通过电话拨号的方式连上 Internet。这种方式以社会上的一般使用者为主,所需要的设备是一台个人电脑,加上一台 Modem 以及电话线路,当然还需要有通讯软件才行。

通讨电话拨号与 Internet 联网也有好几种方式:

（1）通过登录（login）的方式连线至终端服务器（terminal server）,接着再以远程登录（Telnet）的方式连线至其他的主机。这种方式并不会让你的个人电脑有所谓的 IP 地址存在,因此可以称之为间接连线。

（2）拨号以后,以 SLIP/PPP 等方式与 Internet 沟通。这种连线方式能够让你的 PC 具备一个 IP 地址。当你的 PC 具有 IP 地址以后,你的 PC 就相当于是整个 Internet 上的一个,接下来就可以使用 WWW

\ Gopher \ FTP……等各种服务。

使用电话拨号方式将计算机与 Internet 连接时，需要计算机有基本的配置，这些配置分为如下三个方面：

一、硬件方面

（1）386 或与之兼容的 CPU（最好 586 以上）；

（2）内存 4 M 以上（最好 16 M 以上，运行软件会更快）；

（3）硬盘 40 M 以上（最好 100 M 以上）；

（4）串行口 COM1 或 COM2；

（5）连接电缆 RS232，9 针 – 25 针或 – 25 针 – 25 针；

（6）调制解调器（速率 14，4K 的 bps 以上）；

（7）一条电话线或者数据专线。

二、软件方面

（1）Windows95 或者 Windows98；

（2）调解解调器（modem）驱动程序。

（3）拨号软件；

（4）Internet 访问软件（浏览器，电子邮件工具等）。

三、账号与服务提供者

从 ISP（Internet Service Providers 服务提供商）处申请的账号，包括用户名，口令，上网电话号码，域名服务器（DNS0 地址，E – mail 账号（包括用户名、口令、邮件服务器地址（POP3 服务器地址和 SMTP 服务器地址））。

以上是以拨号方式联接 Internet 的基本要求。可见，要求并不高。不过若以最低配置，恐怕漫长的等待是让人无法忍受的。并且上 Internet 的按时计价也是不菲，恐怕得不偿失。好在现在宽带网也已经在较大的范围内开始应用了，而且，使用费用也不算太高。

第二节　安装网卡与局域网相连

前面在介绍与 Internet 联网的方式时，提到以直接方式与 Internet 相连。采取这种方式联接时，需要计算机配备网卡，通过网卡与网线连结，进而与 Internet 相连。那么，我们接下来将向你介绍如何在 Windows98 之中安装网卡。

在你买到网卡之后，请按照下面的步骤安装网卡：

（1）首先关闭计算机电源，打开机箱，将网卡安装到计算机中，将网线连接至网卡上之后，关闭机箱。

（2）打开计算机电源，启动 Windows98。如果你的网卡是支持即插即用的，那么 Windows98 在启动过程中将会检测到网卡并且提示安装驱动程序，待 Windows98 启动完成之后，网卡的安装即已告完成。如果你的网卡不支持即插即用的话，请继续按照下面的步骤进行安装。

（3）打开 Windows98 的控制面板，双击"添加新硬件"图标，运行"添加新硬件"向导。

（4）选择要安装的硬件类型，在"硬件类型"列表中选择"网络适配器"，单击"下一步"按钮。

（5）在接下来的对话框中选择生产网卡的厂商以及网卡的型号。

因为网卡的生产厂商众多，并且每个厂商所生产的网卡也有多种型号，只有选择与待安装的网卡相同的厂商以及网卡型号，Windows98 才能正确驱动这个网卡，也只有这样，计算机怎能真正连接到网络上。

如果你在这个对话框中找不到与网卡相对应的厂商以及网卡型号，你也可以手动安装驱动程序。请你准备好网卡自带的驱动软盘，按照计算机对话框中的提示单击"从磁盘安装"按钮，在随后出现的"从磁盘安装"对话框中指定驱动程序所在的磁盘以及路径，Windows98 也会根据驱动软盘上的程序完成网卡驱动程序的安装。

（6）单击"确定"按扭，安装程序即告完成。

完成上述安装步骤之后，Windows98 就可以正确地驱动网卡，使用网卡与网络进行联接。但是，为了实现诸如电子邮件，浏览万维网（WWW）等功能，还需要在 Windows98 之中安装一些通讯协议并且对 windows98 的 Internet 属性进行设置，这些内容后面我们还会继续介绍。

第三节　拨号入网的准备工作——安装 Modem

为了使用拨号方式与 Internet 连接，你必须配备 Modem，并且在 Windows98 中正确地安装 Modem 的驱动程序。

一、安装调制解调器

在启动 Windows98 之前，应首先将调制解调器安装好。要按照说明书连接好相应的跳线以及与电话机作相应的连接。然后按照下列步骤进行安装：

（1）正确连接好调制解调器之后，启动 Windows98；

（2）选择"开始"菜单中的"设置"命令，打开"控制面板"窗口；

（3）双击"调制解调器"图标打开'调制结调器"属性窗口；

（4）单击"添加"按钮，进入调制解调卡的安装界面；

（5）单击"下一步"按钮，Windows98 将自动测试硬件，检测系统是否已经接上新的调制解调器。如果你的调制解调器符合 Windows98 的即插即用规范，Windows98 一般而言能够自动识别，并且将自动配置相应的驱动程序；

（6）当然，如果你对自己的调制解调器了解得非常深，或者假如你的调制解调器是比较早期的产品，那么 Windows98 将不能自动识别，这样你不妨不作测试而直接选择一个驱动程序，不必花费检测硬件的时间。

如果找不到与调制解调器相符合的型号，可以按照下面的步骤进行手工设置。也可以单击"从磁盘安装"按钮，使用厂家提供的驱动程序，按照提示选择相应的型号即可。

（7）设定好调制解调器的型号之后，单击"下一步"按钮，按照计算机窗口中的提示，选择调制解调器所使用的通信端口号，那么调制解调器便安装完成了。

二、设置调制解调器属性

调制解调器安装完成之后，还需要对它的特性作一些设置。请按照以下步骤进行调制解调器属性的设置：

（1）在控制面板中双击"调制解调器"图标，打开相应窗口，在此窗口中的列表里选择你刚安装好的调制解调器；

（2）单击"属性"按钮，打开相应的对话框；

（3）设置调制解调器所使用的通信端口、音量、最快传递速度等项目，具体情况跟你的连接以及所使用的调制解调器有关。

单击对话框中的"拨号属性"按钮，从计算机中弹出的对话框将允许你设置是否从内线拨号、是否使用长途、电话拨号方式是音频还是脉冲等项。

到此为止，你就完成了对调制解调器的设置。现在你的计算机已经完成了硬件的设置，但是为了访问 Internet，你需要运行拨号程序，通过拨号程序实现本地计算机与 ISP 的连接。也就是说，在调制解调器这个硬件设置的支持下，通过拨号程序这个软件程序实现与 Internet 的连接。

第四节　通过拨号入网来连接 Internet

在安装完调制解调器之后，你可以采用的 Windows98 自带的"拨号网络"程序来设置拨号入网。通过"拨号网络"来建立一条通信链路，可以使你的计算机通过拨号入网方式登录到其他计算机。当然同样也可以供其他计算机通过拨号与自己联机。

与 Internet 连接，实际就是将本地机器作为客户端，主动拨号访问 Internet。由于 ISP 通常提供用户 PPP 或者 SLIP 连接，而拨号网络是支持该协议的，所以，在 Windows98 客户机安装拨号网络，就能够建立起一条与 Internet 的 DNS 服务器之间的通信链路。

一、安装"拨号网络"程序

在 Windows98 的缺省安装方式中，没有"拨号网络"程序，因此为了使用拨号网络程序，需要重新安装"拨号网络"程序。

安装"拨号网络"程序时，打开"我的电脑"之中"控制面板"，双击"添加/删除程序"。

在随后弹出的"增加/删除程序属性"对话框中单击"Windows安装程序"标签。在"组件"列表中选择"通讯"的选项之后，单击"详细资料"按钮，将列出当前计算机中所有通信类应用程序的安装情况。确认选择"拨号网络"程序被选中后，按"确定"按钮退出。此后 Windows98 会提示你插入 Windows98 的安装盘，"拨号网络"程序就这样安装完成了。

现在，你就可以应用拨号网络程序，建立与 Internet 的连接了。

二、建立、设置与 Internet 服务器的连接

双击"拨号网络"图标，在拨号网络对话框中，双击"新建新的连接"以建立起与 Internet 的新的连接。

在"创建新的连接"对话框中给新建的连接起一个名称（为联结到东方网景的连接命名为"东方网景"）。如果你计算机上安装了一个或多个调制解调器，你还需要在"选择设备"下拉列表中选择建立当前这个连接所要使用的调制解调器。

上面的步骤完成之后，请单击"下一步"按钮，计算机上还会出现对应的对话框。请在此对话框中输入 ISP 提供的登录 Internet 时所拨入的电话号码。该电话号码包括国家代码、区号和电话号码三

部分。

如果你与你的 ISP 服务商在同一个城市，则可以在国家代码中选择"按实际输入的号码"，此后只填上市话号码就可以了。

单击"下一步"按钮，这样就完成了建立的新连接的操作。

接下来要设置新建的连接的属性，使计算机与 ISP 服务器进行正确的连接。

用右键单击新建的连接，在弹出的快捷菜单中选择"属性"命令，在弹出的对话框中有"服务器类型"标签，在其上设置连接时允许使用的网络协议配置和"拨号网络服务器类型"。在"拨号网络服务器类型"之中选择服务器类型时，应当选择 PPP/SLIP 协议的拨号。选择"服务器类型"时，一般选择"PPP，Internet，Windows NT Server，Windows95"选项。

在"常规"标签中，单击"设置"按钮，将出现调制解调器属性对话框。如果你的 ISP 要求手工登录到服务器，则选择"拨号后显示最终窗口"，否则不必作任何改动。

在完成以上操作之后，你的计算机就具备了登录 Internet 服务器的能力。

三、实现与 Internet 的连接

输入连接时，你只需在"拨号网络"窗口中双击"东方网景"的连接，在随后出现的对话框中输入用户名以及口令。如果你觉得每次登录都要输入口令实在很麻烦，你可以选中"保存密码"这一复选框。

单击"连接"按钮，计算机屏幕上就会出现"正在连接到东方

情网"的窗口，这个状态显示正在拨号。这时你可以看到调制解调器的小灯在不停闪烁，这表示调制解调正在试图通过电话线与远方的拨号服务器进行联络。

经过了上面的操作之后，就可以在 Windows98 之中上 Internet 了。

如果你要浏览主页，你可以打开 IE 5.0 输入你要浏览主页的 URL 地址即可看到该主页。如果你要进行网络交谈或者是文件传输，那么你运行相应的程序就可以了。

这时候你与通过专线与 Internet 连接进行信息浏览的方式已经没有区别了。

第五节　安装网络协议

通过前面的学习，已经可以建立与 Internet 的连接了。但是为了运行各种网络程序，你还必须在 Windows98 中安装网络协议，比如 TCP/IP 协议、NetBIOS 协议等。

比如，如果你要是用浏览器浏览 Internet 上的主页，那么你就必须在计算机上安装 TCP/IP 协议。因为在 Internet 上，用户端与服务器端的通讯需要按一定的规则—协议才能正常通讯。不同的网络程序使用不同的协议进行通讯。现在使用的浏览器都是通过 TCP/IP 协议实现 Internet 上的通讯。所以，当您需要运行浏览器时，已就必须安装 TCP/IP 协议。

由此可见，只有正确地安装网络程序所需的协议，你所要使用的网络程序才能够在计算机中实现 Internet 上的通讯，才能真正享受到在 Internet 上面冲浪的感觉。

一、安装 TCP/IP 协议

目前，在 Internet 上面使用最多的协议是 TCP/IP 协议，因此，在这一节中我们将以 TCP/IP 协议为例说明如何在 Windows98 中安装协议。同时，还将介绍如何设置拨号适配器以及如何设置网络通讯协议。

安装网络协议时，首先从控制版面中，双击"网络图标"打开相应的对话框，在这个对话框中进行网络配置。

在计算机屏幕上将会显示一个对话框，对话框中会显示出已安装过的组件列表。如果在组件列表中有拨号网络适配器"选项"，说明 Windows98 系统中已经安装了拨号适配器，不必要再做安装。否则请单击"添加"按钮。

在此后出现的对话框中单击"适配器"选项，在所出现的对话框中选取 Microsoft 的"拨号适配器"。单击"确定"按钮退出后，在已安装的组件列表中，可以看到"拨号网络适配器"选项。

安装拨号适配器之后，接下来为拨号适配器安装 TCP/IP 通信协议。

在相应的对话框中单击"添加"按钮，然后在弹出的"选择网络组件类型"对话框中选择"协议"选项，单击"添加"按钮，则又会弹出一个相对应的对话框，在厂商列表中，选择 Microsoft。对应与网络协议列表列出的 Microsoft 协议，请选择 TCP/IP 协议，然后单击"确定"按钮退出。

这样，TCP/IP 协议已经被安装在 Windows98 中了，并且被"捆绑"在"拨号适配器"上了。

二、设置 TCP/IP 协议

通过上述的各个步骤，你的计算机已经基本具备了联网通信的条件。但是和谁通信，即到底访问哪一台服务器，通信对象是谁，需要在 TCP/IP 属性中作进一步的设置。

设置 TCP/IP 协议时，可以按照下面的步骤执行：

（1）设置 TCP/IP 协议时，请在"控制版面中双击"网络"图标；

（2）在随后出现的"网络"对话框中，选择"TCP/IP→拨号网络适配器"选项；

（3）单击"属性"按钮，弹出"属性"对话框；

（4）选择"IP 地址"标签。如果你的 ISP 提供 DHCP 动态主机配置协议服务器，那么请选择"自动获得 IP 地址"选项。如果你的 Internet 服务提供者没有使用 DHCP，那么它提供给你的是一个静态的 IP 地址，请选择"指定 IP 地址"，并且输入 IP 地址和子网掩码。

（5）选择"WINS 配置"标签，WINS 是 Windows Internet Name Service 的缩写。它实现分配给系统的符号名和一个 Windows 内部资源间信息的映射以及由 ISP 的 DHCP 服务器动态分配给系统的 IP 地址。

（6）现在再来设置 DNS。

如果选择"禁用 DSN"，系统将不支持域名系统，即不能完成域名向 IP 地址的转换。这样会很不方便，因为 IP 地址是一组数字，很难记住。因此，一般选用"启用 DNS"，分别输入主机名、域和服务器搜索顺序，增加时，只需要单击"添加"按钮就可以了。

（7）另外，在"捆绑"标签中，你可以将所安装的协议与拨号适配器或"Microsoft 网络用户"捆绑在一起。

（8）单击"高级"标签，将 TCP/IP 协议设置为缺省协议。

经过以上各个步骤之后，TCP/IP 协议就设置好了，再重新启动计算机之后将会生效。

三、安装其他协议

如果你需要在 Windows98 之中安装其他协议，那么你完全可以参考安装 TCP/IP 协议的过程进行相应的设置。

例如，你需要安装 IPX ODI 协议，你可以在计算机屏幕上所显示的相应对话框中选择 Novell 公司的"Novell IPX ODI"，以后的安装过程与安装 TCP/IP 协议类似。当然，你需要对该协议进行相应的设置，具体如何设置将要看你所要安装的协议而有所不同。

总而言之，通过这一章的系统学习，读者会基本上掌握与 Internet 联网的技术，这就为你在网络上检索自己所需要的文献、信息、情报资源等建立了坚实的基础。

◆ ◆ ◆ 第十章　利用 WWW 及其浏览器

进行信息检索的必备知识

　　Internet 是连接着全球数百万台计算机的巨型网络，当然也包括你桌面上的那一台计算机。它除了是全世界范围内的数以万计的文献信息的接收器之外，同时也是一个巨大的、不断更新和扩展的信息源。

　　要方便、快捷地进入 Internet 网络查询你所需要的信息，WWW 是你最忠诚的伙伴和助手。

　　一旦连接到 Internet 上，你就可以使用 WWW 的客户程序浏览器（Browser）——Inernet Explorer 查看无边无际的各类信息文献。无论是从中搜索信息，还是想把信息传送到计算机上去，或是将你需要的信息下载、存储，它们都会使你觉得得心应手、轻松自如，甚至觉得妙趣横生。

同时，你还可以将信息收编到文档之中，或者保存在计算机的文件里。单击 Internet Explorer 主窗口中的任意选项，你就可以开始漫游 Internet 的信息世界了。

第一节 有关 WWW 的重要知识

一、WWW 简单介绍

WWW 是 World Wide Web 的缩写，国内有翻译为万维网的。它是一种超文本信息查询工具。它将文本和图形以及对文件和其他 Internet 资源的访问紧密的联系在一起。它使得访问 Internet 之上的资源更加便捷。WWW 引发了网络信息传播的革命，文字、图片、声音等都可以由 WWW 展现在我们的面前，使得网络进入了多媒体时代。

二、WWW 的由来

WWW 诞生于瑞士日内瓦的欧洲粒子物理实验室（CERN）。1989年间，CERN 在 TCP/IP 的分布式计算方面已经有了相当的经验。而 WWW 之父 Tim Berners – Lee 当初在 CERN 致力的也正是远端程序调用（RPC）。在 TCP/IP 方面已经掌握了许多工具及经验。因此，WWW 的原始构想由 Tim 率先提出。

传统的信息管理通常是采用树状存储，无法完整地反映现实世界的信息。为了突破传统信息管理方式所遭遇的瓶颈，Tim 建议 CERN 采用分布式的超文本（hypertext）。超文本的文件内含普通内容及参考至其他文件的超链接（hyperlink）。任一单位只须负责维护它本身的文件内容及相关链接，分散于各处的文件彼此即可通过超链接相关联在一起。这些文件的内容以及其超链接的效果，即如同人们习惯在纸张上以划一些圆圈及圆圈间的箭头的方式描述一件事物的始末一样。文件内容就是圆圈，而超链即是圆圈之间的箭头。

（一）超文本的情况

超文本有两种含义：其一，通过链接相关连的文件；其二，内含多媒体信息（例如，图片、声音）的文件。目前 WWW 的超文本文件则兼具上述的两种意义。WWW 的超文本使用超文本标识语言（HTML）进行描述。

HTML 是 ISO 根据 1986 年公布的标准一般化标记语言（SGML）（ISO8879）所定义。HTML 为 HyperText Markup Language 的简写。

由 HTML 写成的文件在服务器上是以普通文本的形式存放的。但是用户通过浏览器观察，却会有很多特殊效果。所有这些特殊效果，都是由 tag（称之为标签的东西）来描述的。

利用这些标签，我们就可以制作出精彩纷呈的主页。

在 HTML 文件中使用 URL 来定位文件的位置。URL 是 Uniform Resource Location 的缩写，即为统一资源定位器。在 WWW 中，URL 是用来识别与 Internet 相连的主机或一个文件，说明主机的位置或文件的类型及其所在的准确位置。

（二）关于浏览器

在 Tim 发表了原始提案之后，1990 年 10 月确定了 WWW 这个名称，之后陆续开发出各种操作系统的 Web 浏览器（Browser）以及服务器（Server）。使用浏览器，可以浏览 WWW 上的丰富资源。Web 页可以在本身的页面上进行热链接，使用鼠标单击某一带有蓝颜色下划线的链接，可以将用户带到下一 Web 画面或其他的 Internet 资源中去，其中包括 Gopher 菜单，FTP 服务器，也可以使用浏览器发送电子邮件。

WWW 真正成熟是在 1993 年 9 月从美国伊利诺（Illinois）大学的国家超级电脑应用中心（NCSA）推出 Mosaic 浏览器开始的。Mosaic 结合了传统网络服务以及多媒体文本浏览器服务于一身。用户通过其直觉的图像操作界面即可以便利地取得各式网络服务，不须学习一些冗长杂乱的程序以及指令。因此 Mosaic 快速崛起，使得 WWW 的应用也随即在 Internet 上如火如荼地蔓延开来。此后，由网景开发的浏览器 Netscape（简称 NC）、由微软开发的浏览器 Internet Explore（简称 IE）功能更加强大，使用更加方便，这就使得 WWW 的应用和推广更加如虎添翼。由于微软在推广它的 Windows 软件时同时捆绑销售 IE，这就使得微软的浏览器 IE 几乎一枝独秀，成了当今浏览器的主流。

三、使用浏览器浏览 WWW 资源

Web 客户浏览程序主要有两种分类方法：

一个是按照其运行的平台分类，主要有 3 种平台：

（1）UNIX；

（2）Microsoft Windows；

（3）Apple Macintosh。

另一种是按照其所提供的界面分类，有基于字符和基于图形两种方式。

在计算机技术发展的今天，基于字符的浏览器已经基本被淘汰。

基于 Microsoft Windows 平台的浏览器目前使用的主要是 Microsoft Internet Explorer，它简称 IE，是由微软公司开发的浏览器。现在使用最多的是它的升级版本 IE 4.0 和 IE5.0。

WWW 是我们在 Internet 上进行信息检索的主要工具和得力助手，因此，我们必须对其主要知识专门详细介绍。

第二节　WWW 的浏览器 Internet Explorer

目前，Windows98 之中集成的 Internet Explorer 4.0（简称 IE4），是在 Internet Explorer3.0 的基础上作了重大的改进。它保留了 Internet Explorer3.0 中的优点，并且增加了数据广播、频道定制等功能。总结起来，Internet Explorer4.0 主要有以下新的特色：

（1）增强的 Web 浏览器；

（2）增强的主页支持；

（3）更强的安全性；

（4）通过频道获取最热门的 WEb 内容；

（5）预订站点；

（6）常用主页链接；

（7）方便快捷地浏览 Web；

（8）Web 地址自动记忆；

（9）多语言支持。

一、增强的 Web 浏览器

为了方便 Web 浏览，你可以在浏览其他 Web 页时，将当前文件文件从 Internet 下载到单独的窗口中，新的可动态调整的工具栏提供了一种叫做"链接"的按钮，通过它你可以迅速访问到更新更近的 Internet 页。

增加了符合工业标准的 Internet 分级支持，使得父母可以筛选掉不适合孩子浏览的 Web 节点。

Internet Explorer 还提供了对文档 ActiveX 的支持，这意味着你可以直接在 Internet Explorer 中查看 Microsoft Office 的文件，而不需要启动其他程序，例如，wold 等。

二、增强的主页支持

Internet Explorer 提供了对所有最新的 HTML 写作特征的支持，包括了一些 Internet Explorer 所特有的功能，例如，无边界框架、浮动框架和 HTML 样式表。

Internet Explorer 还提供对 Activex 控件的支持，允许添加自定义的功能，例如，声音、动画和三维图像。

Internet Explorer 提供了丰富多彩的 Web 页，你可以使用 Visual basic Scripting Edition 和 JavaScript 制作极具动感的复杂页面。

三、更强的安全性

SSL2．0，SSL3．0 和 PCT 安全软件在 Internet 上提供了额外的保险业务。例如，利用 Internet Explorer 的新功能可以从 Web 页的目录上使用信用卡购物。

使用安全区域，可以为 Web 的不同区域设置不同的安全级以保护你的计算机。利用分级审查，通过使用由 Internet 内容选择平台（PICS）委员会独立制定的，基于工业标准的分级规则，可以筛出令人不愉快的或者侵犯性的内容。而使用 Microsoft Wallet，可以在你的计算机上存储个人信用卡以及购物地址信息，并且可以利用安全服务器连接到 Web 站点. 。当 Web 站点需要你的个人信息时，可以使用 Microsoft 配置文件助理存储该信息并且控制信息的共享方式。

四、通过频道获取最热门的 Web 内容

通过频道，你可以将全球顶尖的内容提供商的最新 Web 内容自动传送给你。如果您已经安装了新的桌面，也可以在桌面上或者作为屏幕保护程序浏览这些频道。

你可以在 Interne 订阅如"人民日报""计算机世界日报"等站点的内容。这样，你就不必亲自去访问这些站点，IE 会根据你的订阅，自动将该站点的最新内容显示在浏览器中。

五、预订站点

预订你最喜爱的站点，以便在你需要的时候（每天、每周或者每月一次）自动更新内容。

Internet Explorer 可以在你正忙于计算机上的其他工作甚至休息时，在后台下载已更新的 Web 页或者整个站点。这样一来，你就可以在以后联机、脱机、在办公室、在家里或者途中浏览这些内容。

六、常用主页链接

在 Internet Explorer 中，你只需将链接从地址栏或者 Web 页拖到"链接"工具栏便可以创建按钮。也可以将 Web 页添加到收藏夹列表中，以便通过"收藏"菜单或"浏览器栏"来访问。

七、方便快捷地浏览 Web

在 Internet Explorer 之中，你可以使用新的"浏览器栏"搜索

Web 站点。

在浏览器中，以可以单击工具栏上的"搜索"按钮，"浏览器栏"将显示在浏览器窗口的左侧。这样，就可以在查看左侧的搜索结果列表的同时，单击相应的链接在大屏幕的右侧浏览网页。

同样，你还可以以同样的方式浏览"收藏夹""历史纪录""频道"或文档。

八、web 地址自动记忆

通过 Internet Explorer 提供的"自动完成"功能，当你在地址栏键入常用的 URL 时，Internet Explorer 会自动帮助你完成该地址的输入。如果键入或者单击了错误的地址，Internet explorer 可以搜索相似的 Web 地址以查找匹配的条目。

九、多语言支持

在 Internet explorer 浏览器中，你可以浏览用不同语言编写的 Web 页。

当你在 Iinternet 上进行环球漫游时，你是否使用 Web 浏览器浏览过用不同语言（不同于你的计算机所使用的语言）编写的 Web 页在 Internet explorer 中，你只需要添加这些语言的字符集就可以正确地显示这些网页。

第三节　IE 的界面介绍

Internet Expiorer 4.0 的界面是 Windows 下面的标准界面，它包括以下几个部件：

（1）标题栏；

（2）菜单栏；

（3）工具栏；

（4）IE 图标；

（5）地址栏；

（6）快速链路；

（7）主窗口；

（8）状态条；

（9）地球仪。

一、标题栏

在这里显示的是当前 Web 页的题目，并且冠以 Internet explorer 的后缀。

二、菜单条

这里包括 Internet Explorer 的所有操作，单击某一选项会有下拉式菜单弹出，你可以选择所需要的命令。

三、工具栏

这是一组用来替代菜单中的常用命令的命令按钮，单击某一个按钮会有相应的操作。如果你将鼠标移至某工具栏它将凸起并高亮显示，如果鼠标停留一段时间，将会弹出此命令的说明。

工具栏上的按钮和它们的相应的操作都比较好辨认和操作，这里就不再浪费篇幅加以说明了。

四、IE 图标

当 Internet Explorer 正在发送或者接收数据时，此图标将显示动画。在静止的时候，单击此图标将连至 Microsoft 公司主页。

五、地址栏

地址栏是输入和显示网页地址的地方。你甚至无需输入完整的 Web 站点地址就可以直接跳转。开始建入时，自动完成功能会根据以前访问过的 Web 地址给出最匹配的地址的建议。

利用地址栏，你只需要建入 Find，go 或后面跟一个要搜索的单词，就可以搜索 Web 站点。

地址栏中显示的是当前 Web 页的 URL。你可以在这里输入新的 URL 以打开另一个新的 Web 页或者其他 Internet 资源。你也可以单击右边的小箭头以打开下拉式链表选择一个 URL。

六、快速链路

这里是一组共 5 个常用的 Web 节点的快速链路，单击这里将连至某一个 Web 节点。你可以在"查看"菜单中的"选项"命令中修改它。

有必要说明一下的是：Internet Explorer 4.0 的工具栏设计得还有新意，它的工具按钮、地址域以及快速链路可以通过施拉重新安排位置。有兴趣的话你可以试验一下。

七、主窗口

这里是 Internet Explorer 用来显示 Web 页的地方。

八、状态条

这时显示的是当前 Web 节点的附加信息，当把鼠标指向某一链路时，鼠标便会变成一只手的形状，而状态条里将显示出所指向的连接。

当 Internet Explorer 正在进行文件的链接传输操作时，这里显示的是其传输过程。

九、地球仪

如果用户安装了多语言版本，状态条中有一个地球仪标志，单击此地球仪允许用户修改字符集，以适应所浏览的 Web 页的需要。

第四节　浏览 Web 页

一、设置 Internet Explorer 连接

通过 Internet 连接和 microsoft Internet explorer，你可以查找和浏览 Web 上的所有信息。不过在使用 Internet Explorer 以前，你还需要设置 Microsoft Internet Explorer 如何与 Internet 连接。

将 Microsoft Internet Explorer 与 Internet 连接的方式有两种：局域网方式、拨号上网方式。如果局域网（LAN）管理员已经在你的计算机上安装了 Internet Explorer，或者使用了 Internet 服务提供商（ISP）提供的安装程序，那么你就可以连接 internet 了。

当你第一次启动 Microsoft Internet Explorer 时，它会自动启动 Internet 连接向导。Internet 连接向导会指导你建立 Internet 连接。

在使用该向导时，你还需要从 Internet 服务提供商或者局域网管

理员那里获得如下信息：

（1）如果你是通过拨号上网方式，通过 Internet 服务提供商连接 Internet，那么你需要知道你的账号名和密码。

（2）如果你是通过局域网方式连接 Internet 并且使用了代理服务器，那么你需要知道代理服务器的名称和端口号。

完成上述设置之后，你就可以使用 Internet Explorer 在 Web 上完成工作了，从基本的浏览和搜索到查看频道和预订内容，Internet Explorer 不仅是最好的而且是最方便的浏览器。

二、查看 Internet 上的页

现在，向你介绍如何使用 Internet Explorer 查看 Internet 上的主页。要使用 Internet Explorer 浏览主页，你首先需要在 Internet Explorer 中输入要访问的主页的 Internet 地址。

那么什么是 Internet 地址呢？

（一）Internet 地址是什么？

Internet 地址（有时称谓 URL 或者统一资源定位符）通常以协议名开头，后面是负责管理该站点的组织名称，后缀则标识该组织的类型。

例如，地址"http：//www. tsinghua. edu. cn/"提供下列信息：

http：这台 Web 服务器使用 HTTP 协议；

www：表明该站点的在 World Wide Web 上；

tsinghua：表明该服务器位于清华大学；

edu：表明该站点属于教育机构；

cn：表示该站点位于中国。

一般来说，商业站点地址以 . com 结尾，政府站点地址以 . gov 结尾。

如果该地址指向特定的网页，那么，其中也应该包括附加信息：例如端口号、网页所在的目录以及网页文件的名称。使用 HTML（超文本标记语言）编写的 Web 页通常以 . htm 或者 html 扩展名结尾。

浏览 Web 页时，网页地址会显示在浏览器的地址栏中。

（二）输入端 Web 地址

在了解了什么是 Internet 地址之后，接下来看一看如何在 Internet Explorer 中输入 Web 地址。

你需要在 Internet Explorer 的地址栏中，键入你要查看的地址。

在你输入 Web 地址的时候，你会发现，如果您以前访问过这个 Web 站点，新的"自动完成"功能将在你键入时给出一个最匹配地址（Web 站点、文件夹名和程序名等）的建议，该地址将在地址栏内突出显示。

在输入 Web 地址时，你可以只输入 Web 地址的部分内容。如果你在输入了部分地址后按下 Ctrl + Enter，Internet Explorer 会根据情况只补充协议名（例如，http:）和扩展名（例如，. com），并且尝试转到你所键入的 URL 地址处。

例如，如果键入"Microsoft"后，按下了 Ctrl + Enter，Internet Explorer 会尝试打开 Web 地址http://www. microsoft. com/，也就是微软公司的站点。

当你键入 Web 地址或者"自动完成"功能找到匹配的地址之后，请按回车键，完成地址的键入。这时，Internet explorer 会按照你的输入自动与指定的站点进行连接。如果连接成功，你所指定的内容将会在 Internet Explorer 中显示出来。

为了加快主页的显示速度，你可以不显示图片、声音或者视频。

（三）查看 Web 页

在 Internet Explorer 中，你可以采用多种方式查看 Web 页。你既可以通过在地址栏中键入 Web 页地址的方法进行查看，也可以从当前查看的网页转到其他网页。此外，如果没有特定的地址或者链接，你还可以直接搜索网页。

（四）通过地址栏列表

除了可以在地址栏中键入要查看的 Web 页地址之外，你还可以通过地址栏列表进行选择。用鼠标单击计算机屏幕上所显示的对话框中的地址栏的向下箭头，从打开的列表中选择地址，然后按回车键，即开始察看该页面。而地址栏列表中的主页地址，都是你在以前使用地址栏时，Internet Explorer 自动保存下来的。

（五）在新的窗口中查看

除了在当前窗口中显示网页之外，你还可以在新的 Internet Explorer 窗口中显示网页。具体方法是：用鼠标打开"文件"菜单，依次指向"新建"和"窗口"，在随后显示的新的窗口的地址栏中键入待访问的 Web 页面地址。

（六）返回起始页

在你使用 Internet Explorer 访问主页时，你可以随时回到 Internet Explorer 的起始页。如果你需要经常访问该页的话，这个功能对你很有帮助。

为了返回起始页，你可以单击工具栏上的按钮，将当前主页跳转到起始页。

如果此时你看不到工具栏，可以打开"查看"菜单，然后选择"工具栏"命令，此后工具栏将会显示出来。

（七）在主页中跳转到其他链接

你在查看主页的同时，可以在当前主页链接直接跳转到其他链接。这些链接可以是图片、三维图像或者彩色文字（通常带下划线）。当你将鼠标指针移到主页上的某一项时，如果鼠标指针改为手形，表明这一项是链接。

你可以单击主页上的任何链接以实现跳转。

（八）在已浏览的主页间跳转

如果你已经在当前窗口中浏览过多个网页，那么，Internet Explorer 还为你提供在已浏览过的主页间跳转的功能。

当你查看当前主页时，如果想返回到上一个主页，你可以单击工作栏上的"后退"按钮，直接跳转到上一个已经访问过的主页。这时，Internet Explorer 会从它的缓冲区中取出已经访问的该主页，并且显示在当前窗口中。

如果想向后返回多页，可以单击该按钮右侧的小箭头，然后单击列表中的某个 Web 页即可。

如果要转到下一页，请单击工具栏上的"前进"按钮。如果要向前跳过多页，可以单击该按钮右侧的小箭头，然后单击列表中的某个 Web 页。

通过"查看"菜单中的"浏览器栏"子菜单，选择该菜单中的"历史记录"和单击工具栏上的"历史"按钮，从计算机屏幕所显示的对话框中所示的"历史记录"地址列表中也可以查看曾经访问过的主页。

在 Internet Explorer 窗口中将出现文件夹列表，列表中包含几天或几周前访问过的站点 Web 的链接。单击文件夹中的链接，即可以显示相应的 Web 页。

你可以更改在"历史记录"列表中保留网页的天数。指定的天数越多，保存该信息所需要的磁盘空间就越多。

再次单击"历史"按钮，可以隐藏浏览器栏。

（九）脱机浏览 Web 页

新的 Internet Explorer 为你提供了"脱机浏览"功能。通过"脱机浏览"，你不必连接到 Internet 就可以查看 Web 页。当你连接到 Internet 并且处于联机状态时，通过频道和预订功能可以获得最新内容并且下载到本机上，从而充分利用脱机浏览功能。

以后，无论在何时何地，以都可以脱机查看 Web 页。

此项功能在你想浏览 Web 页但是始终不能访问 Web 页时非常方便。例如，你可能在不提供网络或者调制解调器访问的地方使用便携机，或者在家里使用计算机而不想占用唯一的一根电话线。你就可以使用"脱机浏览"方式，从已经下载到计算机中的主页信息中浏览。

要选择"脱机工作"方式，你可以在"文件"菜单上，单击"脱机工作"选项即可。

如果你选择了脱机工作，那么，Internet Explorer 将始终以突击方式启动，直到再次单击"脱机工作"，清除其复选标记。

（十）查看当前页的 HTML 源文件

在你使用 Internet Explorer 查看主页时，你可以查看当前页 HTML 的源文件。当你想要创建你自己的 Web 页时，采用这种方式查看其他 Web 页是如何构成的，一定会达到事半功倍的效果。

在查看当前页的 HTML 源文件时，如果你想编辑网页，可以将网页保存在计算机上然后根据需要进行修改。编辑完成之后，还可以在 Internet Explorer 中打开，查看所作的改动。

为了查看当前页的 HTML 源文件，请在浏览器的"查看"菜单上，选择"源文件"命令，随后在计算机屏幕上显示一个相应的窗口，在这个窗口中你将看到该主页的 HTML 源代码。

三、管理主页地址问题

在 Internet Explorer 中，你不仅可以浏览主页，还可以对各种主页地址进行有效的管理。你既可以将喜爱的主页地址添加到收藏夹中，也可以在桌面上创建主页的快捷方式，这样，有效地方便了你对主页的浏览。

（一）将喜爱的主页地址添加到收藏夹中

当你在 Internet 上浏览主页的时候，如果你对正在浏览的某个主页或者主页链接感兴趣，并希望将这个主页和链接的地址保存起来，以便下一次能够方便的查找到并且快速地访问该主页，你就可以将该主页地址添加到收藏夹中。

添加的时候，请按照下列步骤进行操作：

（1）如果你希望将当前主页添加到个人收藏夹中，请打开 Internet Explorer 中的"个人收藏夹"菜单。

如果你希望将当前主页中的某个链接所指出的主页地址添加到个人收藏夹中，请在该链接处单击鼠标右键，这样就会弹出一个相应的快捷菜单。

（2）在弹出的菜单中，选择"添加到个人收藏夹"的命令。

（3）在弹出的相应的对话框中，为该主页地址填写快捷方式的名称。

缺省情况下，Internet Explorer 已经为你填写了一个名字，如果愿意的话，你可以键入该主页的新名称。

（4）在位置框中选择快捷方式所放置的位置。你可以在已有的分类中选择，也可以单击"新文件夹"按钮，创建一个新的文件夹来存放着个主页链接。

（5）单击"确定"按钮，完成上述操作。

（二）将你喜爱的页组织到文件夹中

在你将所关心的主页地址放到"个人收藏夹"中后，你可以再次对这些地址进行归类、重新组织。你可以按主题对它们编排页码，例如：可以创建名为"艺术页"的文件夹以存储有关艺术展览的信息，也可以创建名为"飞行"的文件夹储存有关航空的信息。

为了组织这些主页地址，你可以按照下列步骤进行相应操作：

（1）在"个人收藏夹"菜单上，选择"组织个人收藏夹"命令。

（2）在计算机屏幕上所出现的对话框中会有一个列表，按照你自己的意愿，将其中的快捷方式拖动到合适的文件夹上。如果快捷方式的数量过多或者不方便拖动文件夹，可以单击"移动"按钮。

（3）你可以在这个对话框中创建用于存储指向该页的快捷方式的新文件夹。

创建时，请单击鼠标右键，选择"新建"1"文件夹"命令，键入文件夹名称并按回车键，然后将该主页的快捷方式拖动到这个新建的文件夹中。

（三）在桌面上创建页的快捷方式

作为 Windows98 的一部分，Internet Explorer 已经与它进行了良好的集成。你不仅可以在 Internet Explorer 中创建主页的快捷方式，你还可以直接在 Windows98 的桌面上创建主页地址的快捷方式。这就意味着你可以随时从 Windows98 的桌面上访问你最感兴趣的主页。

在 Internet Explorer 中创建快捷方式的操作，可以按照下列步骤执行：

（1）如果你希望为当前主页创建快捷方式，请打开"文件"菜单。

（2）如果你希望为当前主页中的某个链接所指的主页地址创建快捷方式，请在该链接处单击鼠标右键，这时计算机屏幕上会弹出一个相应的快捷菜单。

（3）在菜单中选择"创建快捷方式"命令，完成快捷方式的创建。

创建完成之后，你就会发现桌面上出现了一个相应的快捷图标。

四、保存主页的内容

Internet Explorer 不仅可以为你提供浏览主页的功能，也提供了将当前主页内容保存到你的磁盘上的功能。不过，Internet Explorer 在保存主页的时候，只保存主页中的文字，而不保存图形等其他信息。

将主页内容保存到磁盘上后，你可以直接从磁盘中打开该文件进行浏览。但是，由于 Internet Explorer 只保存文字信息，因此当你打开磁盘上文件进行浏览时，你可能会发现浏览器中的该主页只有文字，相应的图形部分将会空在那里。

保存主页文件时，有两种保存的方式：

（1）直接将当前页存储到计算机中；

（2）不打开文件而直接保存。

（一）将当前页存储到计算机中

你可以在浏览主页的同时，保存当前主页。

为此，你可以进行如下操作：

（1）在"文件"菜单中，选择"另存为"命令。

（2）双击保存该页的文件夹。

（3）在"文件名"框中，键入该页的名称，然后单击"保存"按钮。

（二）不打开文件而直接保存

你在浏览主页的时候，经常会看到主页中包含有各种链接到其他主页的链接。你可以在浏览器中直接保存这些包含在当前主页中的链接所指定的主页。

这样做的好处是，你可以不必先下载文件进行浏览然后再保存，并且在下载这个文件的同时，你还可以继续浏览其他主页，因此可以有效地节约你的时间。

当你查看到这种要保存的主页时，你可以按照下述步骤进行操作：

（1）在当前主页中找到你所感兴趣的链接；

（2）使用右键单击该超级链接；

（3）这时在计算机屏幕上所显示的对话框中的快捷菜单上，选择"目标地点另存为"命令；

（4）这时在弹出的"保存"对话框中的"文件名"框中，键入该项的名称，然后单击"保存"按钮，完成保存的操作。

五、打印 Web 页

在使用 Internet Explorer 浏览主页的时候，如果遇到需要打印保存的主页，也可以轻松地在 Internet Explorer 中将 Web 页打印出来。

打印 Web 页时，Internet Explorer 可以按照屏幕的显示进行打印，也可以打印自定的部分，例如框架。另外，还可以指定打印页眉和页脚中的附加信息，例如，窗口标题、网页地址、日期、时间和页码。

（一）打印当前窗口的内容

在"文件"菜单上选择"打印"命令。

（二）打印框架的内容

如果你当前浏览的主页是由几个框架组成的，在打印时，你可以指定只打印其中某个框架的内容。

为此，你只需在目标框架内单击鼠标右键。

在随即出现在计算机屏幕上的快捷菜单中，选择"打印"命令，即开始打印指定框架的内容。

（三）更改网页打印时的外观

为了在打印 Web 页时，Internet Explorer 可以打印页眉和页脚中的附加信息，例如，窗口标题、网页地址、日期、时间和页码等，你需要更改网页打印时的外观。

进行更改的时候，可以按照如下步骤进行：

（1）在"文件"菜单上，选择"页面设置"命令；

（2）在"纸张"区域中选择打印纸张的大小和纸张的来源；

（3）在计算机屏幕上所显示的"页面设置"对话框中的"页边

距"框中,键入页边距(以英寸引为单位)。

如果希望将页边距的单位设置为厘米(不是英寸),必须在"控制版面"中更改"区域设置"。

(4)在"方向"区域中,选择"纵向"或者"横向",指定页面打印时的方向;

(5)单击"页眉/页脚"按钮;

这时在计算机屏幕上所出现在相应的对话框中的每个"页眉"和"页脚"框中,使用如《打印控制字符》表 10 - 1 中所示的要打印的信息。

变量可以和文本组合使用(例如,页 &p 共 &p)。

表 10 -1 打印控制字符表

为了打印	键入
窗口标题	&w
网页地址(URL)	&u
短格式日期(由控制面板中的"区域设置"指定)	&d
长格式日期(由控制版面中的"区域设置"指定)	&D
由"控制版面"—"区域设置"指定格式的时间	&t
24 小时格式的时间	&T
当前页码	&p
网页总数	&p
居中(后跟 &b)	&b
右对齐(后跟 &b&b)	&b&b
单个 & 号	&&

这一节所学到的知识，对于你将从 Internet 网络世界上所查检到的重要文献信息情报资料及时地从网络上摘取或者打印下来是十分有用的。

第五节 自定义 Internet Explorer 问题

在这一节中，我们将向你介绍如何定制个人使用的 Internet Explorer 环境。你可以根据个人的爱好和习惯安排 Internet Explorer 的显示方式、连接方式、安全机制等，使 Internet Explorer 真正成为你的助手。

一、更改工具栏的外观

Internet Explorer 的工具栏可以按照你的使用习惯自行安排其在大屏幕上的排列。

你可以任意移动、隐藏它们。在 Internet Explorer 中，如果你要移动"地址"框或者工具栏上的"链接"，可以使用鼠标上下左右拖动它。

为了给屏幕上腾出更多的空间，你可以隐藏工具栏按钮的义字标签。你只需要向上拖动工具栏底部的粗"分隔条"，直到遮住文字标签即可。

二、使用"选项"对话框

在 Internet Explorer 中，提供了个 Internet Explorer 属性对话框。这是一个巨大的对话框，在这个对话框中，允许你控制 Internet Explorer 的各种特征和功能。

你可以通过选择"查看"菜单中的"Internet 选项"命令来打开这个"Internet 选项"对话框。。

下边，将逐一向你介绍如何在这个对话框中对 Internet Explorer 进行设置。

(一)"常规"选项卡

这个选项卡用于控制 Internet Explorer 的起始页面、缺省的页面显示方式以及 Internet 临时文件以及 Internet Explorer 访问主页的历史记录。

(1) 设置 Internet Explorer 的起始主页。

在计算机屏幕上所显示的"Internet 连接"对话框中，你可以在"主页"区域中设置每次 Internet Explorer 启动时显示的主页地址，在地址框中，显示了当前 Internet Explorer 程序的起始主页。如果你要修改这个地址，可以直接在该文本框中输入。

另外，你也可以令 Internet Explorer 每次启动时以空白页的方式显示，那么你只需单击"使用空白页"按钮。你还可以使用 Internet Explorer 设定的默认页，这时单击"使用默认页"按钮即可。

(2) 设置 Internet 临时文件。

当你使用 Internet Explorer 浏览 Internet 时，Internet Explorer 总是在临时文件夹中保存当前 Web 页的备份。当你重新访问一个最近访问过的节点时，Internet Explorer 总是试图在临时文件夹中找到此文件，以节省访问 Internet 的时间。

在计算机屏幕上所出现的对话框中，你可以单击"删除文件"按钮，将临时文件夹中的所有文件全部删除。或者单击"设置"按钮，在计算机屏幕上所出现的相应对话框中对临时文件夹进行进一步的设置。

在上述对话框中，你可以设置临时文件夹的大小、查看文件夹中的文件和对象，设置 Internet Explorer 如何检查主页更新等。

在设置 Internet Explorer 如何检查主页更新时，你可以指定当返回以前查看过的页时，Internet Explorer 检查该页自从上次查看以来是否有改动，随后显示最新页并且将它存储到 Internet 临时文件夹中。为此，请选中单选按钮，"每次访问此页时检查"。此后，Internet Explorer 在每次运行时都作一次检查。但是，选中该项会降低在浏览已经查看的不同网页时的速度。

或者当你指定返回以前查看过的页时，Internet Explorer 检查该网页自上次查看以来是否改动。为此，请选中单选按钮"每次启动 Internet Explorer 时检查"。选中该选项可以加快在浏览已查看的不同网页时的速度。但是，只有当你启动 Internet Explorer 时，Internet Explorer 才会检查该页是否有新内容。而且即使选中了该选项，也可以通过单击"查看"菜单上的"刷新"命令查看特定网页是否已经更新。

再者，你还可以指定在返回以前查看过的网页时，Internet EXplorer 始终不检查该页自上次查看以来是否改动。为此，请选择中单选按钮"不检查"。选中了该项将显著加快在浏览已查看的不同网页时的速度。即使选中了该选项，也可以也可以通过单击"查看"菜单上的"刷新"命令查看特定网页是否已经更新。

在 Internet 临时文件夹的区域中，你可以指定用于 Internet 临时文件夹的磁盘空间百分比。在查看 Web 上的新页时，Internet Explorer

将它（它的一些内容，例如图形文件）临时存储到硬盘上。这将加快在Internet上浏览过的页的显示速度。

用作文件夹的磁盘空间越多，Internet Explorer可以存储在硬盘上的网页也越多。如果你的磁盘空间比较小，应该设置该项为较低的百分比。

你可以通过单击"移动文件夹"按钮，指定存储Internet临时文件的不同文件夹。但是请你注意，只有重新启动计算机之后才能使用该设置。

当你希望查看临时文件夹中存储的网页和其他文件，例如，查看图片时，可以单击"查看文件"按钮，打开Internet临时文件夹。

单击"查看对象"按钮，你将看到"Downloaded Programs"文件夹，在这个文件夹中显示了已经下载到你的计算机上的ActiveX控件。

（3）设置历史纪录。

你可以在"历史记录"区域中指定Internet Explorer可以在"历史纪录"列表中保留已经查看网页的天数。如果你的磁盘空间比较小，你应该减少该天数。

（4）设置缺省主页的文字显示。

在<Internet选项>对话框中单击"已访问"按钮，你可以在《颜色》对话框中控制Web页面显示文本的方式，选择你所喜爱的显示列表来代替Windows桌面的色彩。你可以选择文本的颜色、背景色、访问过的链接颜色、未访问过的链接颜色等。

在上面所说的对话框中单击"已访问"按钮，然后单击所需要的颜色，指定用于显示已访问链接的颜色。单击"未访问"按钮，然后单击所需要的颜色，指定用于显示为访问链接的颜色。如果你选中"使用 Windows 颜色"复选框，那么那些未指定颜色的网页将使用你为 Windows 选择的颜色。

（5）指定字体。

如果一个 Web 页没有指明显示的字体，那么可以指定 Internet Explorer 采用某种字体来显示 Web 页。

单击《颜色》对话框中的"字体"按钮，你随后可以在所出现的《字体》对话框中设定指定的字符集。或者在"非等宽字体"下拉列表中指定在显示不等宽文本时所使用的字体，在"等宽字体"下拉列表中指定在显示等宽文本时所使用的字体，并且在"字体大小"下拉列表中选择字体的大小。

如果你对自己设置的字体不满意，可以单击"设为默认值"按钮，选择 Internet Explorer 默认的设置。

（6）设置主页使用的字符集。

如果你安装了多语言系统，你可以单击《Internet 选项》对话框中的"语言"按钮，在出现的 <《语言首选项》对话框中选择使用其他的字符集。

（二）连接选项卡

这是用来设置有关与 Internet 连接情况的选项卡。你可以在这里设置计算机与 Internet 通过何种方式连接，连接时是否使用代理服务器以及是否使用自动配置。

如果你还没有设置你的计算机是通过何种方式与 Interent 连接，可以单击"连接"按钮，使用 Internet 连接向导会指导你设置与 Internet 的连接。如果你希望直接对当前的连接方式进行修改，可以从单选按钮"使用调制解调器连接到 Internet"和"通过局域网连接到

Internet"中进行选择。

（1）设置代理服务器保护你的计算机。

如果你通过局域网连接到 Internet，你可以指定是否通过局域网上的代理服务器连接 Internet。

代理服务器是一台特殊的计算机，它在用户的局域网与 Internet 之间充当过滤器的角色。当激活的时候，所有通过 Internet 的命令和数据都要经过代理服务器，而不是指向最终目标。因此，代理服务器可以充当局域网（企业内部网）和 Internet 之间的一道安全屏障，可以阻止 Internet 上的其他用户访问内部网络或者你计算机上的保密信息。

为了设置代理服务器，请选择"通过代理服务器访问 Internet"复选框。然后键入的访问 Internet 所使用的代理服务器的地址和端口号。此外，你可以指定是否希望所有的本地（Internet）地址都使用代理服务器。由于代理服务器充当的是你的内部网络（Internet）和 Internet 之间的安全屏障，因此你可能需要从系统管理员处得到额外的权限，以便能通过代理服务器访问网页。如果你对本地的地址不使用代理服务器，在访问本地地址的时候可能会更容易，而且更快。所以建议你选择该设置，也就是对各种不同的服务，例如，HTTP，FTP 等协议使用不同的代理服务器，请单击"高级"按钮，在《代理服务器》对话框中分别对不同的协议进行设置。

（2）使用自动配置的 Internet Explorer。

当你在局域网中使用 Internet Explorer 时，你可以使用网络管理员为你配置的 Internet Explorer 设置。这样，你就不需要自己对上述进行设置。当你对如何设置并不精通的时候，选择自动设置对你是个解脱。

如果要使用自动配置，请单击"配置"按钮，在《自动配置》

对话框中，输入用于配置 Internet Explorer 的 URL 或者文件名。该文件由系统管理员创建，用于在企业内部的系统上运行 Internet Explorer。文件可能包括 Internet Explorer 选项设置，例如，使用什么主页或者代理服务器设置。

设置完成之后，每次启动 Internet Explorer 时将使用这些设置。配置文件的 URL 或者此文件的位置由系统管理员提供。

（三）"程序"选项卡

这里是用来指定你的 Internet Explorer 要使用的各种相关的程序。

Internet Explorer 没有提供内置的 Mail 和 News 应用程序。因此，如果你在浏览 Web 页时需要用到 E – mail 或者 News 资源，Internet Explorer 将调用你在这里指定的应用程序来使用它。

在《Internet 选项》对话框中，你可以指定 Internet Explorer 要使用的 Internet 新闻阅读程序，指定 Internet Explorer 使用的 Internet 会议程序，指定 Internet Explorer 使用的 Internet 日历程序以及 Internet Explorer 使用的 Internet 联系人或者通讯簿。

在这个标签里你还可以指定不管是否安装了附加的 Web 浏览软件，始终将 Internet Explorer 作为默认的 Internet 浏览器。选中"检查 Internet Explorer 是否为默认的浏览器"复选框之后，每次 Internet Explorer 启动时都将检查此项设置，以确保 Internet 仍然作为默认浏览器注册。

如果将其他程序注册为默认浏览器，Internet Explorer 将询问是否将 Internet Explorer 还原为默认的浏览器。

（四）"高级"选项卡

这里其实是一些有关 Internet Explorer 设置的杂项，这些条目不宜放在其他选项卡中。由于这个选项卡中选项众多，这里不再详加介绍了。

第六节　Internet 的使用安全特性

一、Internet 的安全性概述

Internet 最基本的任务就是在不同的计算机之间发送信息，直到该信息到达目的地。因此，当信息从甲地发往乙地时，两地之间的任何计算机都有机会看到发送的究竟是什么。这样，关于"Internet 安全性"方面的问题也就很严重地摆在了我们面前。

例如，你正在 WWW 上查看服装目录，并且决定买一件衬衫。这里需要在订单上键入信息，包括你的信用卡号码。当然，服装公司要求你回答的问题必须符合情理。你可以键入信用卡号码和其他信息，然后发送者填好的订单。信息通过一台台的计算机传到服装公司。不幸的是，传送过程中的一台计算机被罪犯盗用，他们对计算机中诸如信用卡号码之类的信息很感兴趣。

这类事件的发生的频率究竟有多大？目前我们还不能给出准确的估计，但是重要的是这种行为在技术上是完全可行的！而且，随着 Internet 的发展，网络上犯罪事件会越来越多。

目前，许多 Internet 节点都为自己增加了安全保护机制，以防止未授权的用户偷看到从这些节点发出和接收的数据。这些节点通常被称为"安全岛"。Internet Explorer 支持"安全岛"所使用的安全性协议，你可以安全而从容地将信息发送到安全岛。（当你查看来自安全

岛的页时, Internet Explorer 会在状态栏上显示一把"锁")。

如果你的行为可能导致不安全的后果, Internet Explorer 也会给出警告。例如, 当你将信用卡号码发送到一个不安全的节点时, Internet Explorer 会警告说该节点是不安全的。如果该节点自称是"安全岛", 但是, 它的安全证书不可靠, Internet Explorer 会警告你该节点可能有危险或者已经被冒名顶替。

二、安全性验证概述

验证有 2 种不同的类型: 个人和 Web 节点。

当发送个人信息到客户认证服务器申请验证时使用个人验证。例如, 个人验证要包含用户名和口令等信息。

当安全的 Web 节点发送包含关于该 Web 节点安全性信息的 Internet Explorer 验证时, 已使用了 Web 节点验证。验证按照指定的时间周期发布到某些组织。当试图打开组织的 Web 节点时, Internet Explorer 确认 Internet 地址处在验证中并且未超过终止日期。如果不是, Internet Explorer 可以进行警告。例如, Web 节点验证将包含确认节点安全和有效的信息。这样可以确保没有其他 Web 节点可以发布与源安全节点相同的节点。

三、设置 Internet 安全级

在你为 Internet 设置安全级时, 请首先按照下列步骤操作:

(1) 在"查看"菜单中, 选择"选项"命令;

(2) 单击"安全"标签;

(3) 在"安全级"区域中, 单击所需选项。

（一）设置区域安全性

在"区域"列列表中，显示当前正在查看其属性的安全区域。你可以为每个区域指定不同的安全级别，然后将 Web 站点添加到具有所需安全级别的区域中。

对于 Internet 区域，你可以设置四种安全级别：高级、中级、低级和自定义。

如果你选择高级别的安全性，则指定在 Web 站点上有潜在的安全问题时指示用户，你将不能下载可能引起安全问题的活动内容，并且不能查看该站点。

如果你选择中级别的安全性，则在 Web 站点上有潜在的安全问题时发出警告。可以选择是否下载或者查看活动的内容。

如果你选择低级别的安全性，则是在 Web 站点上有潜在的安全问题时不发出警告. 。带有效证书的所有活动内容都将被自动下载到你的计算机上。请注意在选择安全级别之前必须确认完全信任当前区内的站点。

（二）自定义安全级别

除了上述 3 种选择之外，你可以自行定义安全设置。在你选择"自定义"选项之后，单击"设置"按钮，你可以在计算机屏幕上所显示的对话框中指定希望以何种方式处理可能造成危害的操作、文件、程序或下载内容。

对于网页中的 activeX 控件及插件，你可以执行下面的某项操作：

（1）如果希望不经提示自动处理，请选中"启用"单选按钮；

（2）如果希望在处理前给出请求批准的提示，请选中"提示"单选按钮；

（3）如果希望不经提示将拒绝下载或者执行该操作，请选中"禁用"单选按钮。

在此，你还可以指定 Java Applet 的安全性，你可以在"安全设置"对话框中的列表中设置。

在这个列表中，你可以指定让 Java（TM）Applet 不经过权限提示就可以直接运行的安全级。Java Applet 通常需要申请特定的级别才能访问你计算机上的文件、文件夹和网络的连接。如果 Java Applet 需要比所指定的权限更高的访问权，系统将提示你是否允许这个 Applet 拥有更高的访问权限。

你可以选择下面的某一操作来限制 Java Applet 的安全级别：

（1）如果想为 Java Applet 可申请的每种访问类型指定单独的设置，请选择中"自定义"单选按钮；

（2）如果在 Java Applet 申请权限时允许给予最大限度的访问权，请选择中"安全级—低"按钮；

（3）如果 Java Applet 申请权限时允许给予适度的访问权，请选择中"安全级—中"单选按钮；

（4）如果在 Java Applet 申请权限时只允许给于最低限度的访问权，请你选择"安全级别—高"单选按钮；

（5）如果禁止 Java Applet 在你的计算机上运行，请选中"禁用 Java"单选按钮。

对于如何控制服务器需要登录信息的请求，也可以加以设置。Internet 上的服务器通常要求用户名和密码来对有关用户认可的访问进行限制。你可以为该区域的 Web 站点选择以下一种登录方式：

（1）要连接到服务器而不需提供或者发送登录信息，请选中

"匿名登录"单选按钮；

（2）有联接到需要提供用户名和密码的服务器，请选中"用户名和密码提示"单项按钮；

（3）有使用当前的 Windows 用户名和密码连接到服务器，请选中"自动使用当前用户名和密码登录"单选按钮。

四、设置分级审查以启用 Internet 分级

现在，Internet 上的信息众多，一些不健康的站点散发各种各样的文章和图片或者是不负责任的言论信息等。这在一定程度上影响着小孩子们的正常发展。如果家中有小孩子并且想控制他们在 Internet 上可以查看的材料种类时，使用 Internet Explorer 的分级审查功能，将非常有用。因为每次更改"分级审查"设置都要键入监护人口令，所以应该将它备份在某个地方。

不是所有的 Web 页都被分级。要允许用户查看没有分级的页，请单击"常规"标签。然后选中"用户可以查看未分级的节点"复选框。

如果允许部分人查看由分级系统禁止阅读的 Web 页，可以提供监护人口令。

在设置分级审查时，请按照如下步骤进行：

（1）选择"查看"菜单上的"Internet 选项"命令，显示 Internet 的属性；

（2）单击"内容"标签，然后单击"启用"按钮。

如果没有"启用分级系统"按钮，请单击"设置"按钮；

（3）如果你的计算机上没有设置监护人口令，Windows 将提示你输入口令。如果已经设置，Windows 将提示键入；

（4）在"分级"标签上，单击列表中的分类，然后调整分级滑块，设置所要求的限制。对每种需要限制的类别重复此过程。

五、使用监护人口令查看受限制的节点

在你设置了分级审查并启用 Internet 分级后，要查看受限制的节点，就必须使用监护人口令。查看的时候，请按如下步骤进行：

（1）显示 Internet 选项对话框；

（2）单击"内容"标签，然后单击"设置"按钮；

（3）键入主计算机的监护人口令；

（4）单击"常规"标签，然后单击"监护人可以键入口令允许用户查看受限制的内容"复选框即可。

第七节　快捷键

在这一节里我们将介绍 Internet Explorer 中可以使用的一些快捷键，使用这些快捷键将有助于你高效率地使用这个浏览器。

现在我们将一些常用的快捷键列表如表 10 - 2 所示。

表 10 - 2　常用快捷键表

操　作	按　键
转到下一页	Shift + Backspace 或 Alt + 右键头键
转到上一页	Backspace 或 Alt + 左箭头键
显示超级链接的快捷菜单	Shift + F10
在框架间移动	Shift + Ctrl + Tab
向文档起始处滚动	Up Arrow
问文档结尾处滚动	Down Arrow

续表 10-2

操 作	按 键
向文档起始处滚动一屏	Page up
问文档结尾处滚动一屏	Page Down
移动到文档起始处	Home
移动到文档结尾处	End
刷新当前	F5
停止下载页	Esc
转到新节点	Ctrl + O
打开新窗口	Ctrl + N
保存当前页	Ctrl + s
打印当前页或激活框架	Ctrl + P
激活所选的超级链接	Enter

第八节 利用 WWW 进行信息检索的基本方法

万维网即——WWW（Wide World Web）是 Internet 上的一个超文本信息查询工具。它是由欧洲粒子物理实验室（位于日内瓦）的科学家 Tim Berners - Lee 于 1989 年 3 月首先提出来的。当时这一设想的主要目的是建立一种可以快捷地传递超文本文件的网络，以使分散在世界各地的高能物理学家们能够快捷、方便地传递、交流他们的学术思想和科研成果，以提高他们的研究效率。在 1990 年年底，第一套 WWW 软件正式研究成功。它在 1991 年的一个超文本会议上演示展出后获得了普遍的认可和赞同。在以后的几年里，由于不少科学家的介入研究该项技术日臻完善，并且具备了多媒体功能。因此，它也就成了力克群雄，称霸于 Internet 上的主流服务器。我们目前在 Internet 上进行信息检索的主要途径也就是利用它。

因为 WWW 也是采用了客户机/服务器（ciient/server）这一工作方式，即用户使用被称为客户程序（client）的软件向服务器发出请求，服务器对用户的请求做出应答后，再通过客户程序显示给用户。而我们现在最常用的浏览器 IE 就是这种工作方式中的客户程序（前面已详加介绍了）。IE（Internet Explorer）是由微软公司研制的一个具有十分良好的人机界面、功能又十分强大的优秀程序，加之在推广过程中，微软公司又采用了将它和应用极广的 Windows 捆绑销售的方式，这就使得 IE 以绝对的优势亚倒了网景的 NC（Netscape Communicator）浏览器等，成了当前广大用户使用最多的客户程序。

要利用 WWW 进行信息检索首先就要打开你的客户程序即 IE，然后再进行其他相关操作。

一、浏览器 IE 的启动

点击 Windows98 上的 Internet Explorer 图标或你已经设置了的相应快捷健，IE 浏览器就被启动了。在 IE 主页的地址栏上健入你想要查询信息的网站地址，你就可以开始你的信息查询了。

二、关于 IE 5. 0 用户界面的简介

IE 用户界面主要由如下几个主要部分组成：

（1）标题栏；

（2）菜单栏；

（3）工具栏；

（4）文档阅览窗口；

（5）浏览器栏；

（6）状态栏。

有关上述各栏目的相应功能前面已经说过了，这里就不必多加赘述了。

三、在 Internet 上的信息查询方法

利用 WWW 在 Internet 上查询你想要找的信息十分方便，例如你要到北京大学图书馆查询有关李白的作品，你又不知道北大图书馆的网址，那么，你可以先在 IE 的地址栏健入你所熟悉的雅虎（中国）的网址：http：//cn. yahoo. com/，（当然，你也可以先登陆其他你所熟悉的门户网站又叫搜索引擎）在雅虎的主页分类目录中查找高校"图书馆"，点击"图书馆"后，有关各高校图书馆的网止就会出现在你的眼前，北大图书馆的网址自然很容易就会被找到了，点击该处，Internet 马上就会自动链接到这个地址。你再在北大图书馆的分类目录中通过作者途径进行"李白"的搜索，那么，"李白"等多人的著作就会被开列出来，其中，自然包括"李白诗选"，"李白全集"等你所需要的信息。此后，你就可以再按照其所提供的相关信息去查找有关原文了。查找理工科的有关信息在方法上也是大同小异，这里就不再赘述了。需要说明的是：查找理工科等有关信息还有一个重要的信息源不要忽略，那就是有关数据库信息源。例如清华同方、万方数据库等都是十分重要且又非常有用的信息源，一定不要忘了要充分利用。进入数据库的方法也和前面基本相同。搜索引擎是你再获取信息时常用的好帮手，一定要充分利用。

第九节 国内外常用的搜索引擎

上一节我们介绍了利用 WWW 及其浏览器 IE 在 Internet 上查询信息的大体方法，其中在信息查询中涉及的国内外重要的搜索引擎、常用的网站、重要的数据库等有关知识我门将在这里做一下介绍：

搜索引擎是专门为用户提供信息"检索"服务的网站。因为 Internet 上的信息可谓浩若烟海，要想很快地查到你所需要的信息只靠盲人骑瞎马式的查找是根本办不到的，因此，有一个好的向导就成了方便、快捷地实现你的信息查找目的的重要环节了，各种搜索引擎就是为了适应这种需求应运而生的。实践证明：它们也确实在人们的信息检索过程重起到了巨大的作用、也立下了汗马功劳。那么，对搜索引擎的认识和了解就成了顺利进行信息检索的需要。

搜索引擎按其工作方式主要可以分为两类：

（1）是分类目录型索引；

（2）是基于关键词（Keyword）的索引。

应用中，不管是采用那种工作方式的搜索引擎，它都将很快地将你引向你需去的地方。有此可见，正确、合理地运用搜索引擎是你成功地进行信息检索的基础。

目前，常用的重要的国外的搜索引擎主要有：

（1）Altavista 搜索引擎；目前它是互联网上采集范围最广、数据库容量最大、检索功能最强的搜索引擎。它同时可以提供目录查询和关键词查询两种服务，你可以根据你的需要进行选择。对于使用中文的用户来说，由于它在 1985 年又推出了中文检索服务，所以也是十分方便好用的。它的网址是：http：//www. altavista. com。

（2）Excite 搜索引擎；它的网址是 ：http：//www. excite. com。现在也有中文版本的服务。

（3） Infoseek 搜索引擎；它的网址是：http：//www. infoseek. com。

（4）Lycos 搜索引擎；它的网址是：http：//www. lycos. com。

（5）HotBot 搜索引擎；它的网址是：http：//www. hotbot. com。

（6）Yahoo 搜索引擎；它的网址是：http：//www. yahoo. com。

它也提供前述两种检索方式，且有中文版本服务，是我们较常使用的一个搜索擎。它的中文版本网址是。http：//www. cn. yahoo. com（GB 码）。

需要特别提及的是目前特别重要的一个 Internet 的网络入口：Google。

可以说：google 是 Internet 网上的万能钥匙。其意义目前已远远超出了搜索引擎的范围，她已成了网络时代万众瞩目的明星。

（1）Google 的发明人：其发明人是美国斯坦福大学的毕业生 29 岁的俄侨谢尔盖·布林和30 岁的工程师拉里·佩奇。

（2）Google 的发明动因：1995 年，这两个发明人在大学初次见面那一年，就都认为："检索"是庞大数据表组织过程中一个很有趣的问题。他们就一些检索到的相应结果进行"佩奇排序"等处理就可以使用户不再感到漫无头绪。他们感到：如此处里得到的结果比其他搜索方法更进了一步。于是在 1997 年初，他们将自己的这一搜索系统命名为：Google，1998 年 4 月，布林和佩奇在万围网大会上提交了一篇相关论文，把 Google 介绍给了全世界。

（3）Google 的性能及效益。

Google 的处理查询的能力可以达到 700 万次/h，目前，其有 36 种语言版本，而且还在不断地增加。她已成了通往 30 亿网页的主要入口，其功能十分强大，但是其界面却是出奇地朴素、简捷，其中文界面（略）

其使用也极其简便，首先选定检索大类及网站类型，然后输入检索的网站名或检索内容的关键词等，然后按搜索键即可。

现在 Google 有超过一万台的联网的计算机来处理 30 亿个网页的索引，用一个包括 5 亿个变量的方程对它进行排列，最后给出包含几千个条目的列表，它的服务深受广大用户的欢迎。这也可以通过其近几年的收益情况来加以证明。

2000 年，其收益为：2 500 万美元；

2001 年，其收益为：1 亿美元；

2002 年，其收益为：3 亿美元；

2003 年，其收益为：7 亿美元（预计）。

Google 既不公开上市也不大肆宣传自己，其主要是靠自己的优良服务所产生的良好口碑来扩大自己的影响。对这样一个好的 Internet 网络的优秀入口我们一定要充分利用。

当然还有一些不错的国外搜索引擎，由于篇幅原因这里就不一一介绍了。

现在，国内、香港、台湾地区的常用主要中文搜索引擎主要有：

属于提供分类检索型的搜索引擎主要有：

（1）百度搜索引擎；其网址是：http://www.site.baidu.com。

（2）搜狐搜索引擎；其网址是：http://www.soho.com.cn。

（3）指南针搜索引擎；其网址是：

http：//www. Compass. net. edu. cn：8010。

（4）雅虎中文搜索引擎。其网址前面以介绍过了。

属于提供关键词检索服务的搜索引擎主要有：

（1）天网中英文搜索引擎；其网址是：

http：//www. pccms. pku. edu. cn：8000。

这是我们比较常用的一个以优秀搜索引擎。

（2）CSEEK 搜索引擎；其网址是：http：//www. cseek. com。它是目前国内搜索功能最强的一个搜索引擎。

（3）CERNET 搜索引擎；其网址是：http：//www. cernet. edu. com。

（4）茉莉之窗搜索引擎；其网址是：http：//www. jansers. org。它是香港中文大学建立的 个中文搜索引擎。

（5）盖世搜索引擎；其网址是：http：//www. gais. cs. ccu. tw。它是由台湾中正大学的吴 升教授领导开发的一个比较有影响的搜索引擎。

另外，还有一些搜索引擎就不一一加以介绍了。

第十节　国内外一些主要信息源网站介绍

要查询到所需的各种信息，你必须知道：在哪些可能的地方才能找到这些信息。因此，你必须了解一些重要的常用的国内外的网站，这一节课就是为这一目的而准备的。下面就向大家介绍若干这样的网站：

（1）DIALOG 系统；其网址是：http：//www. dialogweb. com。

该系统是目前世界上功能最强大的国际联机系统，它的信息总量占世界联机数据库总量的 50% 以上,其拥有的数据库达 600 个,信息量极大。

(2)中科院文献网;其网址是:http://www. las. ac. cn。

(3)中国工程技术信息网;其网址是:http://www. civil. edu. cn。

(4)中国科技网站目录;其网址是:http://www. cn. yahoo. com/science。

(5)《工程索引》清华大学镜像站点网;其网址是:http://www. ei. lib. tsinghua. edu. cn。

(6)学科资源方面的网站。

①应用科学技术索引网;其网址为:http://www. umi. com/global-auto。

②数学资源指南网;其网址为:http://www. ama. caltech. edu/resourse. html。

③美国数学学会网;其网址为:http://www. e – math. ams. org。

④美国物理学会网。其网址为:http://www. aip. org。

(7)重要刊物网。

①《科学》;其网址为:http://www. science. com。

②《自然》。其网址为:http://www. nature. com。

(8)重要报纸网。

①人民日报;其网址为:http://www. peopledaily. com. cn。

②光明日报;其网址为:http://www. gmdaily. com. cn。

③中国青年报;其网址为:http://www. cyd. com. cn。

④科技日报;其网址为:http://www. stdaily. com。

⑤南方日报;其网址为:

http://www. nanfangdaily. com. cn/NF20020307/。

⑥全球网上报纸。其网址为:http://www. sstp. com. cn。

还有一些报纸及其网址就不一一罗列 了。

(9)重要图书网。

①《大英百科全书》网;其网址为:http://www. britannica. com。

②"清韵书院"网;其网址为:http://www. qingyun. com。

③"文学城"网。其网址为:http://www. wenxuecity. net。

(10)重要期刊网。

①"数字化期刊网";其网址为:http://www. chinainfo. gov. cn。

②"中国期刊网";其网址为:http://www. cnki. net。

③"OCLC 系统网";其网址为:http://www. oclc. org. 2000。这是美国俄亥俄州大学主办的在线图书馆中心,也是一个全球性的图书馆网络。

其他期刊网站及其网址也不多列了。

(11)专利网。

①美国专利网;其网址为:http://www. patents. ustpo. gov。

②英国专利网;其 E - mail 为:patents@ derwent. co. uk。

③欧洲专利网:其网址为:http: //www. European - patent - office. org/online/#database。

④日本专利网;其网址为:http://www. jpo - miti. go. jp。

⑤中国专利网。其网址为:http://www. cpo. cn. net。

此外的专利网及其网址也不多加介绍了。

(12)其他信息网。

①门户网。

新浪网：http://www.sina.com。

网易网：http://www.163.net。

中华网：http://www.china.com。

②新闻网。

凤凰网：http://www.phoenixtv.com。

263 新闻中心：http://www.news.263.net。

③人才市场网。

中国人才网：http://www.chinacareer.com。

中国高级人才网：http://www.china - executives.com。

以上网站及其网址仅做为你查找信息时的参考。

第十一节　国内外重要数据库

一些重要的数据库也是我们获取信息的重要源泉之一，为此，有关它们的一些情况，我们也必需知道。下面就再对几个国内外重要、常用的数据库向大家做以介绍。

一、国外的重要数据库

由于篇幅的原因，对于国外重要数据库我们这里进介绍如下一种，那就是：FirstSearch。

FirstSearch 检索系统数据库：这个数据库就是前面曾提到过的美国 OCLC 所建立的一个可查询 70 多个几乎盖了社会生活各个领域和学科的数据库的检索系统，熟悉并知道使用它当然是十分重要的。

FiestSearch Web 的主要检索步骤如下：

（1）准备好检索式；

（2）进入 FirstSearch 系统；从 OCLC 的参考服务的主页连接到 FirstSearch，然后输入授权号和口令即可进入检索系统。

（3）选择主题范畴；一旦你登录到 FirstSearch，系统将在屏幕上显示出包含 13 个主题范畴的菜单，那么，你就可以根据自己的需要进行选择了。

（4）选择数据库；当你选择了一个主题范畴之后，系统将在屏幕上显示一些数据库名，这时，你可根据需要选择一个你要进入的数据库。

（5）选择索引的索引（如主题、题名、作者等）；每个数据库都提供了若干个检索的检索，通过相应界面的下拉菜单你就可以查到某个数据库可用的检索名，也就可以知道对某一数据库哪种标识符是有效的，这样你就可以选择相应的检索类型。

（6）提交检索式；

（7）浏览命中纪录的一览表，选定纪录；

（8）查看完整纪录；

（9）在图框 Exit 上单击鼠标结束 FiestSearch。

二、国内常用的主要数据库

国内常用的主要数据库我们这里介绍两种，它们分别是万方数据库和清华同方学术期刊数据库。

（一）万方数据库

（1）万方数据库的基本组成。

万方数据库是由"万方数据有限公司"创建的我国较大的一个

高质量数据库。现在，经过改版后的这个数据库主要包含三个大的子系统，即：科技信息子系统；商务信息子系统和数字化期刊子系统。这三个大的子系统之下又各自包含若干个栏目，它们的内容几乎涵盖了我国当前各个领域、各条战线，是我们国内的一个主要信息源。其中的科技信息子系统对广大科技工作者、高校师生尤其适用，所以，我们将以该子系统为例加以比较详细的说明。

在科技信息子系统下面共有六个栏目，它们分别是：

① 科技文献；其中共含 37 个数据库，信息量极大。

② 名人与机构；

③ 中外标准；

④ 科技动态；

⑤ 政策法规；

⑥ 成果专利。

（2）万方数据库系统的使用方法。

万方数据库的网址为：http：//www.idc.wanfangdata.com.cn。

进入该系统之后，首先显示的是其主义页面，选择进入三个子系统之中的科技信息子系统。这个系统既可以进行对单一数据库的检索也可以进行对部分或全部数据库的多库检索。

现以对单一数据库检索为例加以说明：

单一数据库检索就是对用户所选定的某个数据库的检索。例如；在科技信息子系统的页面上显示有 6 个栏目，假如我们又选定了《科技文献》栏目，然后又在此栏目中选定了"中国科技论文"数据库，那么，该数据库的检索页面就会显示出来。其中，在该视窗的上部有一个《中国科技论文》数据库检索提问表单，其中含有："字段选择列表""关键字输入框""逻辑运算选择列表"等。你可以视自己的需要选择、填入相应的检索方式，或是"全文检索"、或是"字段级检索"、或是"逻辑检索"，你所需要的相应信息显示之后，如果你还想进一步缩小信息范围，你还可以利用其2次检索功能进一步精选信息，其具体检索方法和前面讲的大同小异。如果你想保存、打印所检索到的信息，可点击页面上的相应按钮即可实现。

（二）清华同方学术期刊数据库

（1）清华同方学术期刊数据库基本概况。

清华同方学术期刊数据库是一个《中国学术期刊（光盘版）》全文检索系统和《中国学术期刊网络版》的总和，是一个大型、多功能全文检索导读咨询系统。它精选了国内中、英文核心期刊和专业特色期刊5 000多种，分为如下9个专辑：

①理工A；

②理工B；

③理工C；

④农业；

⑤医药卫生；

⑥经济法律与政治；

⑦文史哲（双月刊）；

⑧教育与社会综合；

⑨电子技术与信息科学。

其光盘版与印刷版期刊同步出版并向国内外公开发行，其网络版和也与后者同步更新，而且，用户使用起来更加方便。

（2）清华同方学术期刊数据库使用方法。

哈尔滨理工大学图书馆网站是清华同方数据库网站的镜像站点，所有其他镜像站点也是一样，在本馆主页直接点击"数据库"选项，就可轻松进入该数据库。否则。你就得在线通过点击其网址等方法进入了。（当然是在你已经在此申请注册、登记并办好了相应交款手续之后。）

登录后，该数据库的主页就会出现。该主页左上部有一个"字段"栏，用以选择各种不同的检索途径（主题、篇名、作者、关键词检索方式等）。

接下来，下面有一个"检索词"栏，用以填写在相应检索路径下你所需检索资料的关键词。

再接下来，有一个"年度"栏，用以填写你所需查找信息的起止年份。最后是一个"总目录"栏，分为：理工 A 辑专栏目录；理工 B 辑专栏目录；理工 C 辑专栏目录；文史哲辑专栏目录；经济政治与法律辑专栏目录；教育与社会科学辑专栏目录；电子技术与信息科学辑目录。你可以在其中选择一个或几个你所需查询信息的相关目录。该主页中上部是检索到信息的"题录"显示栏，用以按序排列出你所检索到的信息的相关题录。它的下面是一个"二次检索"用的"字段"栏、"检索词"栏等，用以精选更贴近你需要的信息。主页面中下部是上面所需题录内容的扩展介绍显示栏，它可以更多的介绍上面某一题录的有关更详细的信息。如果你想详细了解检索到的某篇文章的内容，你可以在题录显示栏点击那篇文章予以下载，并在屏幕上出现的下载位置对话框中填好下载的地点，你就可以将这篇文章下载并进行详细阅读了。上述相应工作完成后，你也就熟悉这个数据库的使用方法了。